OHSAMA BUNKO

あなたの願いを密かに叶える呪術の作法

LUA

プロローグ
人の「思い」が見えない力になるとき

こんなにも文明が発達し、あらゆることが科学的に解明されていく中で、今なお「呪術《じゅじゅつ》」が注目されるのはなぜでしょうか。

二〇二〇年ごろから『呪術廻戦』（芥見下々著、集英社）や『鬼滅の刃』（吾峠呼世晴著、集英社）など、呪術や鬼との戦いをテーマにしたコミックがベストセラーになりましたが、これはただ若者が関心を示したからというだけではないでしょう。

近年の国際情勢や政治の不安定さ、たび重なる自然災害や気候変動による農作物や環境への被害など、先の見通せない事柄が増えていることへの懸念も影響しているのかもしれません。

激動する時代の流れの中で右往左往し、漠然とした不安を感じている人も多いはずです。そのような不確かな未来を前に、見えない何かにすがりたい「思い」が生まれ、それが呪術の世界に惹《ひ》かれる要因の一つになっているともいえるでしょう。

科学で解明しきれない不思議な何か

日本には、昔から受け継《つ》がれてきた俗信や迷信、まことしやかに語られる言い伝えなどがたくさんあります。

「友引に葬式をしてはいけない」「夜に爪を切ると親の死に目に会えない」「茶碗を叩くと餓鬼《がき》が寄ってくる」などは、今でも聞くのではないでしょうか。

それを犯したからといってどうということはないのかもしれませんが、あえて破る気にもなれないと思ってしまうのは、日本人特有の心理でしょう。

なかには「これを守らないとよくないことが起きる」とか、「これをすれば必ずラッキーな展開になる」という独自のジンクスや験担《げんかつ》ぎを信じ、それを破ってしまっただけで不安に苛《さいな》まれたりする人もいます。

一方で、科学技術はますます発達し、怪奇現象として扱われていたことも次々と解明されてきています。

たとえば、かつては、夜の墓地で火の玉が出るなどといわれたものですが、それは心霊現象などではないという科学的な考え方も一般化したのではないでしょうか。生きものの死骸が腐敗して自然分解が進むと空気中にリンが放出されます。このリンが酸化することで発光し、火の玉のように見えるという説です。

また、それ以外にも、ホタルのように発光する昆虫や光る苔《こけ》などの植物、自然発生するガスの発火現象であるという説なども生まれています。薄暗く不気味な森や墓地で見る得体の知れない光は、人の探求心と不安をあおり、謎を深めるでしょう。

火の玉現象ひとつをとっても解明されたようでいて、その原因は断定されておらず、考え方次第で答えが広がる領域は残されているのです。

日本古来の魂の世界観

ところで、「火の玉」は、「人魂《ひとだま》」と記《しる》されることもあります。人間は肉体と魂《たましい》から構成されると考えられていますが、古代の日本では、魂はしばしば肉体から抜け出ては戻ってくるもので、肉体に戻れなかったときに、人間は死んでしまうという考え方だったそうです。

そのため、魂が肉体に戻りさえすればその人は死を免《まぬか》れると考えられ、肉体に魂を呼び戻す儀式が執《と》り行なわれていた時代もありました。

人が亡くなるとき、執着や迷いを捨てられずにいると、成仏《じょうぶつ》できずにこの世をさまよう霊魂となります。思い残した情念の強さによっては、悪霊《あくりょう》や怨霊《おんりょう》となって、人々に悪さをするようになることもあります。不吉《ふきつ》な出来事や病《やまい》などの災《わざわ》いとなって、恨《うら》みの矛先《ほこさき》となる相手やその縁者を襲うのです。

平安時代に書かれた『源氏物語』などには、そういった悪霊や怨霊を調伏《ちょうぶく》するために陰陽師《おんみょうじ》が呪術を執り行なう様子が「もののけの祓《はら》い」として描かれています。ほかにも、悪霊退散のために僧侶による加持祈禱《かじきとう》がさかんに行なわれたり、当時の人々のもののけへの恐れが大きかったことがうかがえます。また、日本三大怨霊の一つである平将門《たいらのまさかど》の怨念《おんねん》のように、死後祟《たた》りをなす魂は、それを鎮《しず》めるために神として祀《まつ》られるなど、不滅の魂の存在が人々に信じられてきたことがわかります。

どんなに世の中が変わっていこうとも、魂の跳梁《ちょうりょう》は当然のようにあり続けるのです。魂は肉体という器《うつわ》に自在に出入りできるという古来の考えでいけば、自《みずか》ら直接手を下さずとも事を成せると考えられても不思議ではないでしょう。思いの力によって願望を成就させることができるという説も成り立ちます。

現代を生きる私たちが、そのような世界に信憑性《しんぴょうせい》を感じてしまうのも当然かもしれません。日本古来の魂の世界観が今もなお根づいているということなのでしょう。

私たちの身近にある「呪い」

「呪術」や「呪詛《じゅそ》」というと、専門性が高く、手順を踏んで執り行なわなければならないため、素人《しろうと》が行なうのは不可能に思えるでしょう。しかし、「呪《のろ》い」となればどうでしょうか。

先述したように、歴史を見れば思いを残してこの世を去った人の情念がもののけになって災いをもたらしたり、相手に念を飛ばし、生霊《いきりょう》となって呪ったりした例は数多くあります。

「あの人さえいなければ」と思ってしまったことは、きっと誰にでもあるはずです。強い悔《くや》しさや憎しみの感情は、それだけで「呪い」となってしまうことがあります。

たとえば、自分がめざしていたポストに、ほかの誰かが選ばれたとき、「どうして私ではないのか！」と、選ばれた相手に嫉妬《しっと》して失脚を願ってしまったとします。

すると、なぜか相手が体調を崩し、そのポストが自分に回ってきたら、あなたはどう考えるでしょうか。

いけないことを願ってしまったせいだと、落ち込むかもしれませんし、一方で、「やったー！」と大喜びするかもしれません。それを偶然と受け止めるか、それとも、自らの呪いが効いてしまった結果と思うのか。

また、意地悪な発言で友達や同僚を傷つけたとします。「あんなこと、言わなければよかった……」と、勢いで発してしまった自分の言動を後悔し、気もそぞろになって、些細な失敗をくり返すようになってしまう。

その失敗は、あなたの気が動転していたからでしょうか。それとも、傷ついた相手があなたに恨みを抱いて、あなた自身が呪われたという可能性も考えられるのではないでしょうか。

私たちの一人ひとりに心があり、そこにそれぞれの思いが生まれます。考えもさまざまで、いつも満場一致ですべてが円満にまとまるわけではありません。意思疎通がうまくいかないこともあるでしょう。そういったすれ違いが重なれば、ストレスも感じます。

とるに足らないことにイラついてしまったり、知らず知らずのうちに相手の気持ちを逆撫《さかな》でするような発言をしたりしていることもあるかもしれません。

呪いは人の思いから生まれて発動するものとすれば、呪いをかけようとしなくても、自然に誰かを呪っていたり、反対に自分が呪われたりしていても不思議ではないのです。

このように、あなたがそれを信じているかどうかにかかわらず、呪いは身近なところにあります。呪いの力があるかないか、その人の受け止め方次第になりますが、絶対にないとは言いきれないでしょう。

呪いに限らず、「これはムリ!」と思って拒絶していれば、それを実現することは叶いませんが、「やってみよう! 私ならできるはず!」と信じて行なえば、目的を果たせることもあります。

「思うこと」が「念じること」につながり、それが見えない力となって現実に何らかの影響をもたらすことは、決して特別なことではなく、普通にある日常のことなのです。

もくじ

2章　呪術の作法――確実に成就させる第一歩

3章 目的別 呪術と現代版秘術

4章 呪符——あなたを守り、願いを叶える力が宿る

5章 呪術の祓い方――負の念をはね返し、浄化する

本文イラスト　齋藤州一
呪符イラスト　KAOPPE

1章

呪術とは——すべてはあなたの心ひとつ

思いが生み出す不思議な力

呪術とは、呪いやまじないを使って人を殺《あや》めたり、吉を凶に、凶を吉に転じたりする技法のすべてを意味します。超自然的なものや、神秘的なものの力を借りて、望む事柄の実現を促《うなが》すために用《もち》いられます。

しかし、実際はいかなるものであったのか。呪術は秘密裏《ひみつり》に行なわれるため、その効果や結果が明確に示されることはありません。

「呪い」は、怨念で復讐を果たすもので、「まじない」は、相手に見立てたヒトガタや持ち物などを使って、相手に災いをもたらしたり、吉凶を転換させたりするものですが、両者とも独自に編み出された技法と、体系化された技法があります。

たとえば、子どもがケガをしたときなどに、母親がかける「痛いの痛いの、飛んでいけ！」という呪文《じゅもん》なども呪術の一つといえるでしょう。効くかもしれないし効かないかもしれない他愛ないおまじないですが、日本だけでなく世界中で唱《とな》えられている重要な呪文の一つです。

また人々に愛されて唱えられてきた呪文に、「アビラウンケンソワカ」というものがあります。これは大日如来《だいにちにょらい》の真言《しんごん》で、病気平癒《へいゆ》はもちろん魔除《まよ》けや厄《やく》除け、招財・招福などに用いられる呪文です。「密教の最高神である大日如来の真言を唱えれば、どんな願いでも叶う」という発想から生まれたのかもしれません。

この「アビラウンケンソワカ」には、人々の営みに合わせて数多くのバリエーションがあります。江戸後期、伴蒿蹊《ばんこうけい》によって編まれた『閑田次筆《かんでんじひつ》』に、「あぶら桶《おけ》そはか」と唱えて人々の病を治した老婆のエピソードがあります。

また、悪夢を見たときには「夕べの夢の寂しさは南天山のフカの餌食《えじき》となれ、アビラオンケンソばカ」、蜂除けに「あぶらウンケンソワカ」「あぶらけんちん、あぶらけんちん」、ムカデに刺されたら「あぶらウンケン、あぶらかす」と、誦《ず》していたそうです。

このような単純な呪文であっても、人から人へ伝わる過程で多様に変化していきます。ましてや儀式にのっとって執り行なわれる呪術にいたっては、文献に記され、秘伝として守られているものでない限り、現存する諸説を参考にするしかないのが実情です。

実際に呪術伝説のような話は史実として歴史に数多く残っていますが、その真相は謎に包まれています。

歴史の中の呪術

科学技術が発達する以前の時代を生きた人々は、ケガをしたり、病を患《わずら》ったりしたときはなすすべがなく、ただ死を待つしかなかったこともあったはずです。呪術やまじないは、そんなときに人々がすがる唯一の方法だったのかもしれません。

歴史を見れば、疫病《えきびょう》が流行するたびに国を挙げて加持祈禱を行ない、寺社を建立してそれを封じたり、洪水や干ばつなどの自然災害に見舞われた際は、それを鎮めるための祈りと儀式を行なったりしていました。

海や川、湖、山、太陽などの自然の神々に捧げる人身御供《ひとみごくう》として、生きたままの人間を生贄《いけにえ》にしていた時代もあり、こうした儀式の痕跡は、日本各地で発見されています。

また、戦《いくさ》のときの戦勝祈願や、政権争いでライバルを呪い殺す「呪詛」など、国益に影響をもたらす呪術も用いられていました。現代では、都市伝説に分類されそうですが、今も国内外のどこかで、秘密裏に呪術が行なわれているとしても、おかしくはないでしょう。

思いの力が現実を変える

先述したように、文明が発達し大半のものが科学的に解明される時代になりましたが、それでも呪術は消えません。

この世から呪術がなくならないのは「人の心がなくならないから」ともいえるでしょう。喜怒哀楽や愛情、嫉妬、憎しみ、恨み、怒り……。こうした人の思いが消え失《う》せることはありません。

何かしらの効果を求めて渇望する人々の心がある限り、呪い、または祓《はら》うために必要とされる、大いなる力の発動を実現するのが呪術なのです。


悔しさや憎しみをバネにして目標に向かって努力することも、こうした思いを呪術に向けて人を呪うことも、広義に考えれば同等のものといえるのかもしれません。どちらも、信じる心が大きな力を生みます。

実際に儀式的な呪術は、寝る間《ま》も惜《お》しんで働いたり、目標の実現のために努力を続けたりするより困難なものもあり、決して簡単にできることではありません。

本気で呪術に取り組もうという真摯《しんし》な思いと精神力で行なえば、きっと念願を成就させることができるでしょう。

一方、その真摯な思いと精神力で現状に取り組むことができれば、呪術なしに目標を達成することも可能なはずです。心のあり方や向け方次第で、大きく変わっていくということです。

それでも人々を呪術に駆り立てるのは、それだけ切実なものがあるからでしょう。偽《いつわ》りのない切実な思いは、それがどんなによこしまな願望からのものであっても、無意識のうちに超自然の力にすがることになります。そのピュアな心のあり方が呪いを発動させてしまうのでしょう。

しかし思いが叶って満足したとしても、途中でやめられないのが呪術です。やめようとした瞬間に生《しょう》じた心のゆるみが、相手の力を蘇《よみがえ》らせて、呪い返しを受けることもあります。呪術にはこうしたデメリットがつきものです。

呪術は、「呪い信仰」といい換えることもできます。同様に、あなたがあなた自身に備わる潜在力を信じれば、いつも以上の活躍で、快挙を成し遂げる可能性もあるといえるでしょう。

すべては、あなたの心次第なのです。

呪術が果たしてきた役割とは

呪術のはじまりは、狩猟で生活をしていた有史前の原始時代までさかのぼります。その当時は体系化されていない原始的なものだったようです。

ヨーロッパ地域に残る旧石器時代の遺跡から、そこでは石器を用いた死体埋葬の儀礼が行なわれていたとされています。

ドイツのホーレ・フェルス洞窟《どうくつ》から発掘されたヴィーナス像は、今からおよそ三万五千年前に、マンモスの牙《きば》に彫られたものだそうです。胸や腰などが大きく誇張され、多産や豊穣を象徴しているといわれています。

旧石器〜縄文時代——人々の生活とともにあった呪術

日本では、旧石器時代の遺跡・大分県岩戸《いわど》遺跡から「こけし形岩偶《がんぐう》」が発見され、これを土偶のルーツとする説もあります。

次に訪れる縄文時代は約一万年続いたとされますが、土器がつくられるようになり、食材の保存や調理法も充実し生活も豊かになったのでしょう。

そして、祭儀などにも用いられた土器は、埋葬にも使われるようになっていきます。

縄文時代後期に入ると、地面に穴を掘って遺体を埋める土葬スタイルになり、土器を導入した新しい埋葬が行なわれるようになりました。

一度土葬した遺体を掘り起こし、骨を拾い集めたら、それを甕形《かめがた》土器に入れて再埋葬するというものです。また、土偶も多く発見されていますが、その大半が壊れており、何かの儀式に使われていたのではないかといわれています。

女性の妊娠を象《かたど》った土偶が多く、腹部を砕《くだ》かれていることから豊穣を、墓に埋められていたことから亡くなった人が再び生まれてくることを祈願したものとされる一方で、悪霊を移す形代《かたしろ》として用いられたとも推測されます。いずれにしても、呪術のための呪具であった可能性が高いといえるでしょう。

その同時代に繁栄していたエジプト文明やメソポタミア文明でも呪術は重要な位置

を占めていました。

古代エジプトのピラミッドやその中に安置されるミイラは、まさに呪術の痕跡です。神々を信仰し、神としての権力者の魂の永遠と復活を祈り、埋葬されたものです。

メソポタミアでは、占星術で未来を占い、災いを避けるために呪術を執り行なっていたといわれます。『ギルガメシュ叙事詩』にはギルガメシュの朋友エンキドゥが死にいたるエピソードがあります。

死の呪いをかけられて死する前に、自らを導いた者に呪いをかけようとしたエンキドゥ。エンキドゥの死を悲嘆するギルガメシュが自らを呪ったように、呪いは、当時の人々にとって身近なものだったのかもしれません。

弥生〜古墳時代――呪術を使う者が世界各地で活躍

弥生時代に入ると、日本に邪馬台国《やまたいこく》が生まれ、女王卑弥呼《ひみこ》が統治する時代になります。いまだ謎多き卑弥呼ですが、古代中国の「魏志」倭人伝によれば、「鬼道《きどう》」という呪術を使い、骨を焼いて吉凶を占うなどシャーマン的存在だったといわれています。卑弥呼の墓には一〇〇人の奴婢《ぬひ》が殉葬されたそうですから、その影響力は絶大だったのでしょう。古代は、こうした卑弥呼のような人物が、人々が集まる集落を取り仕切り、巫女《みこ》や魔女として、世界の各地で活躍していたと考えられています。

権力者が埋葬されるとき、殉葬あるいは人身御供として人柱《ひとばしら》が捧げられましたが、古墳時代になると、それに代わって埴輪《はにわ》が用いられるようになっていきます。

しかし完全に置き換えられたわけではなく、自然災害をおさめるための人柱などは、その後も続けられていたようです。鎌倉時代から語り継がれる新潟県猿供養寺《さるくようじ》の地《じ》すべり被害を止めるために人柱となったと伝わる僧侶らしき遺体も、一九三七年に発見されています。

大和朝廷〜奈良・平安時代——呪術は各地に伝わり変化する

大和朝廷の統一が進むと、大陸から仏教が伝わり、日本の呪術にも影響していきます。また、ヨーロッパではゲルマン民族の大移動が起こり、呪術や占いに用いられたとされるルーン文字が各地に広がっていきました。人が生み出す信仰や呪術は、人が動くことで伝承されてきたのです。

メジャーな信仰ばかりではなく、その地域固有の土着的な民間信仰もあります。集落の中で執り行なわれる、独自の儀式や呪術もたくさんあったでしょう。文字の読み書きがままならない時代のものは、そこで淘汰されてしまったかもしれません。


奈良時代には、「長屋王の変」にまつわる呪いの伝説があります。

「呪術で国家転覆を狙っている」と密告され、自殺に追い込まれた長屋王が怨霊となり、自身を失脚させ、死に追いやった藤原不比等《ふひと》の四人の息子を祟り、病死させたという話です。

平安時代に編まれた『続日本紀《しょくにほんぎ》』には、「東人《あずまびと》は長屋王の事を誣告《ぶこく》せし人なり」との記載があり、長屋王を無罪とする見解が残されています。


ほかにも、疫病を流行らせた聖徳太子の呪いなど、歴史上の人物にまつわる呪いは多く伝わります。政権争いでの盛衰に呪いが影響していると人々が信じたことと、証拠が曖昧《あいまい》でも呪いなら成立することから、冤罪《えんざい》も生まれていたと考えられます。
成就するしないにかかわらず、政治に呪術の力を利用していた時代があったのです。

呪術は宗教や信仰と結びつき、進化していく

朝鮮半島からもたらされた「呪禁道《じゅごんどう》」は、体系化された呪術でした。医療技術であり、刺客や猛獣、事故などから身を守るための呪術だったそうです。古代中国からの道教や陰陽五行思想、インドで成立した密教なども導入され、日本に浸透していきました。こうした教えが独自に進化を遂げて、日本の陰陽道《おんみょうどう》が生まれたのです。

一方、日本古来の信仰や神道《しんとう》では、修験道《しゅげんどう》や山岳宗教などが生まれ、それぞれが独自の呪術を行なうようになりました。流入された思想と古来の思想が混じり合い、それが日本の呪術となったのです。

最澄《さいちょう》と空海《くうかい》が唐からもたらした密教と、安倍晴明《あべのせいめい》で脚光を浴びた陰陽道が台頭した

平安時代。鎮護国家のためであったものに、敵を調伏し、病を癒《い》やし、天候を操るといった呪術色が加味され、呪術で戦う「呪術合戦」へと発展していきます。

さらに、呪術のニーズは庶民にも広まりました。また、時代が下っていくと呪術師の人材不足から、呪術の「あんちょこ」ともいえる秘書が流布し、多くの人が手軽に呪術を行なうようになります。

今、お読みいただいているこの本も、現代の秘書に当たるものといえるかもしれません。どんなに時代が進もうと、ずっと変わることなく人々が求め続けるのが呪術なのです。

呪術にはどんな種類がある？

呪術の種類は、人の願いや恨みの数だけあるともいえます。

先述したように人の思いによって呪いが発動すると考えれば、日々人々が発する無意識の思いが固有の呪いとなってしまうこともあるからです。

ここでは、古くから伝わる呪い方で種類分けした呪術を紹介します。これらは、日本の呪術に限らず、海外の呪術にもあてはまるでしょう。

形代となるヒトガタや相手の髪・爪などを用いる呪術、呪文をくり返し唱える呪術、何日も日数をかけてひたすら呪いの手順を続ける、儀式的な呪術なども行なわれています。

厭魅《えんみ》

厭魅とは、「丑《うし》の刻参《こくまい》り」のように、人形などの形代を使う呪法のことです。藁人形《わらにんぎょう》のほか、木片や紙を人の形に切り抜いたヒトガタなどを使う呪術も厭魅に入ります。

人形やヒトガタに相手の名前や年齢を記したり、髪や爪、歯などを入れたりすることもあります。髪や爪、歯などのほかには、相手の愛用品や衣服をターゲットに見立てて呪うこともあります。

使鬼神《しきじん》

鬼神や妖魔などを使役して、相手を呪う呪法です。安倍晴明の式神《しきがみ》や、役小角《えんのおづぬ》の前鬼と後鬼などが有名です。

使役する「使い魔」に、相手を見張らせたり、何かを盗ませたり、災いのタネを持ち込ませたりして呪いをかけます。動物霊を使役するものが一般的で、管狐《くだぎつね》（イズナ）や人狐《にんこ》、犬神や猫鬼《びょうき》、トウビョウ（蛇の憑物）などがあります。

巫蠱《ふこ》

「蠱術《こじゅつ》」や「蠱道《こどう》」とも呼ばれます。「蠱」の字は、皿の上に三つの虫と書きます。虫や爬虫類《はちゅうるい》などを一つの容器に入れ、最後の生き残りを「蠱」として使う呪法です。蠱の怨念や毒性を用いるか、蠱を食べさせることで呪います。

符呪《ふじゅ》

お札である呪符《じゅふ》、霊符《れいふ》などを使う呪法です。祈りを込めて記した符を祀ったり、持ち歩いたり、相手に持たせるなどして、そのご利益にあずかります。それら以外にも、特別な儀式や使い方をするものなど、符の種類は多岐にわたります。

憑物落《つきものお》とし

生霊や死霊、怨霊、動物霊などの憑物を祓い落とす呪法です。憑物は、恨みをかった相手から飛ばされた念だったり、どこかで拾った浮遊霊だったりする場合も。肝試《きもだめ》しで訪れた心霊スポットで憑物に魅入《みい》られて、とり憑《つ》かれることもあります。たび重なる不幸や災難から憑物の影響を疑うこともあるでしょう。憑物の種類に応じて、落とし方が変わります。

呪詛返《じゅそがえ》し

呪いをかけられたときに呪詛を相手に返す、呪い返しの呪法です。相手からかけられた呪詛の倍以上の強さで呪い返す呪詛返しは、とても強力なものとされています。それだけのパワーを持つ呪詛返しの術だからこそ、相手に呪いをかけ戻し、絶大な効果を得ることができるということでしょう。

呪物——呪いの力、祓いの力が宿るもの

イギリスの社会人類学者ジェームズ・ジョージ・フレーザーによる呪術の分類によると、呪術は呪物によって、「類感呪術」と「感染呪術」に分けられます。

呪う相手に見立てた人形や形代などを呪物とする類感呪術と、呪う相手が身につけていた愛用品や身体の一部だった爪や髪などを呪物とする感染呪術の二つです。

どちらも、呪術が終わると処分される消耗品で「蠱物《まじもの》」と呼ばれます。埋鎮《まいちん》（78ページ）のように、最後に埋められるものも蠱物になります。

人形や形代

相手に見立てた人形や呪符、撫《な》で物《もの》、その人の写真など。人形や写真に髪の毛などを添えることもありますが、相手自身として、または、相手の病や不運などの穢《けが》れを

移した撫で物として、身代わりにします。

愛用品や身体の一部

愛用品や衣服、髪、爪、歯、足跡など、相手が直接触れたものや、その人の一部だったものを用います。

言霊《ことだま》

実体がなくても、効果的な呪物になるのが言霊です。神仏に祈る祭文となる言葉や、それを記した文字には「力」が宿ります。

憎んでいる相手の不幸を願い、「死ね」「苦しめ」などと言ったり、文字にして記したりすることで、呪いが生まれてしまうのです。

氏名

相手を直接的にあらわす「氏名」。人物の名を口にすることはもちろんですが、文字で記すことでも言霊となり、相手を支配します。

〈呪術者愛用の呪物〉

数珠《じゅず》や鏡、本尊など、呪術者を守り、力を生み出し、呪術の効果を高めるためのものです。

呪術は本来、修行者が行なうので、信心する本尊と決まった持ち物があります。

コラム

日本三大怨霊と呪い

強い恨みや憎しみを抱いて死後怨霊となった魂。その中で人々に最も恐れられ、現在は神として祀り崇《あが》められている、日本三大怨霊の伝承を紹介します。

1 菅原道真

学問の神として京都の北野天満宮に祀られる菅原道真《すがわらのみちざね》は、天皇への陰謀を企《くわだ》てていると讒言《ざんげん》した藤原時平《ときひら》の計略で、無実の罪で大宰府《だざいふ》に左遷され幽閉生活を送り、二年後の九〇三年に非業《ひごう》の死を遂げた人物です。

道真の死後、人々は干ばつや疫病に苦しみ、朝廷では怪事件が頻発。時平は九〇九年に三九歳の若さで病死し、時平と関わりのあった人物も相次いで亡くなり、「怨霊となった道真の祟り」と恐れられ、九三〇年の清涼殿落雷事件へと続いていきました。

一方、幽閉生活を送る道真と文通を続けていた時平の弟・忠平とその子孫は無傷のままに栄え、藤原氏の本流となっています。

2 平将門

東京の神田《かんだ》明神《みょうじん》に祀られる平将門。平安時代の中期、東国（関東）を席巻し、自ら新皇《しんのう》と名乗って新国家樹立を企てた人物です。

将門が反乱を起こすと朝廷は討伐隊を送るとともに、国家の危機を救う密教の秘法「太元帥法《たいげんのほう》」を用い、東大寺や国分寺《こくぶんじ》などにも加持祈禱を行なわせました。調伏壇には、土でつくった将門の首を供《そな》え、七日間祈禱したそうです。

将門は戦死し、その首は京に送り届けられましたが、さらし首となっても目を開いたまま歯ぎしりをしていたとか。そして体を求めて飛んだ先が「将門の首塚」。第二次大戦後、進駐軍が塚を取り壊そうとした際にも負傷者が出るなど、千年以上も呪いの力は衰えません。

3 崇徳上皇

鳥羽天皇と藤原璋子《しょうし》の第一皇子・崇徳《すとく》天皇は、三歳で第七十五代天皇となりました。しかし、鳥羽上皇は藤原得子《とくし》を寵愛し、二人のあいだに生まれた躰仁《なりひと》親王を即位させるために十歳の崇徳天皇に譲位させたのです。

その後、父である鳥羽法皇が崩御すると、崇徳上皇は実権を取り戻そうと戦いを挑み、近衛《このえ》天皇（躰仁親王）のあと即位した後白河天皇派と崇徳上皇派の皇位継承争いが「保元の乱」に発展しました。

戦いに敗れた崇徳上皇は出家を決意しますが、讃岐《さぬき》国に配流されてしまいます。経典の写本に精を出し、京に送るものの、呪詛が込められていると後白河天皇から送り返され、「我、日本国の大魔縁となり、皇を取って民とし民を皇となさん」と、血で写本に記したそうです。

崇徳上皇が崩御すると、後白河法皇の身内が相次いで亡くなります。延暦寺《えんりやくじ》の強訴《ごうそ》や安元の大火などの大事件が続いて起こり、崇徳上皇の怨霊と恐れられるようになりました。崇徳上皇の怨霊の恐怖は続き、明治時代以降の天皇も崇徳上皇の鎮魂の行事を行なっています。

2章

呪術の作法——確実に成就させる第一歩

呪術をかける前に

呪術に興味を持ってこの本を手にとったあなたには、何か叶えたい願いがあるのでしょうか。

呪術には、できる限り安全に執り行ない、願いを成就させる作法があります。

作法とは気を引き締めて真剣に呪術に向き合う姿勢を整える手助けとなり、呪術を執り行なう場と空気を生み出してくれるものです。

自分流で行なって効果がないとは言いきれませんが、正しい作法にのっとり、ていねいに行なうことで、呪術への気構えが自然とでき上がるでしょう。

いずれにしても、真剣に向き合うことが大切です。

その覚悟が決まったら、次のページに進んでください。

呪具と道具
――そろえ方と処分方法

呪術に用いる道具や材料は「呪術専用のもの」を用意します。レアなアイテムや高価なものなど手に入りにくいものや、あえて使い古したものを用いるなどの特別な条件がない限り、新品を使うことが鉄則です。

また、硯《すずり》や筆なども呪術専用具としてそのときにだけ使います。使用しないときはきちんと手入れをして清潔に保管しておかなければなりません。

そしてそれらを処分する際は特記のあるものはそれに従い、特記のないものは、「これにて呪術を終わらせます」という意志に感謝を添え、清めの塩を振って廃棄します。または神社のお焚《た》き上げに出すか、燃やして灰にします。

呪術前の禊
――心を整え、穢れを祓う

呪術は、大いなる存在や力を目覚めさせて行なう神聖な儀式です。願いがどんなものであろうと、儀式の場や自分自身を清めて臨《のぞ》みます。

集中力を損なわないよう、部屋を整えておかなければいけません。換気して空気を入れ替え、掃除をしてきれいに汚れをとり、清浄な空間にしておきます。

特別な禊《みそぎ》が必要な場合はそれに従い、必要ない場合でも口をすすぎ、できれば顔を洗います。あるいはシャワーを浴び、おろしたての下着をつけ、リラックスできる清潔な服に着替えます。それにより集中力が高まって効果が出やすくなります。

呪術前の性行為は厳禁。エネルギーを消耗するだけでなく、他者とのエネルギーが混ざり合い儀式の妨《さまた》げになります。また、呪術への疑いの気持ちを捨てることも重要です。疑いの気持ちは自身の穢れとなり、禊の効果を消しかねません。

❊実行のタイミング
――いつ行なうのが効果的か

行なう時間帯が決まっているものは、それに従います。特に決まりがなければ「月《げつ》相《そう》」に合わせて、人に見つかりにくい誰もが寝静まった深夜に行ないます。

恋愛を成就させたり、魅力をアップさせたりするなど、物事を加算する方向に仕向けるための呪術は新月、または新月から満月に向かっていく期間にスタートします。ライバルの勢いを封じたり、災いを減らしたりするように、物事を減算方向に進める呪術は満月の日、または月が欠けていく満月から新月に向かう期間にスタートすると効果的です。

※秘密で行なう
――絶対に人に知られてはいけない理由

呪術を行なっていることを人に知られると効力が弱まったり、効果がなくなったりしてしまうことがあります。

また、自らに災いがかかることもあるため他言せず秘密裏に行ないます。

奈良時代には、呪詛を禁じる勅令がたびたび出されていたといいます。『大宝律令』には、巫蠱を禁ずる条があり、『養老律令』には「蠱毒厭魅」を禁ずる記載が残されています。

現代の日本の法律で「呪い」が禁じられていないのは、被害と呪いの関係を科学的に証明できないからでしょう。

ただし、禁じられてはいませんが、嫌がらせ行為と見なされたり、脅迫罪として罰せられたりする可能性はあります。

もとより人を呪うようなことをしていると、よくないイメージを持たれ、嫌われてしまうこともあるでしょう。精神疾患を疑われることもあるかもしれません。

いずれにしても、誰にも知られないよう極秘で行なうものです。

※心の準備
――どんな心持ちでやると効果的か

呪術には、その人の思いの強さや心の力が大きく作用します。

そしてその効力を信じて疑わないことが大前提です。

呪術は、大いなる存在や力を目覚めさせる神聖な儀式ですから、疑いを持つということは、大いなるものを否定することにつながります。中途半端な気持ちでやってしまうと自らを危険にさらす可能性もあります。少しでも疑いの気持ちがあるようならやめるべきです。

また、精神状態を整えて行なうことも重要です。好きな人と幸せになることを願う呪術でイライラしていては逆効果になりかねません。自己矛盾を抱えず、ブレない自分を確立してから執り行なってください。

※期間——どれくらいで効果がある？　やり直したいときは？

効果が出るまでの期間は、呪術の種類や行なうときの状況、心の状態などで変わります。早いものなら三日〜一カ月程度、通常なら三カ月〜半年くらいを目安に、様子を見ます。

呪術によってはお経や真言を延々とくり返し唱えるものや、準備だけでかなりの日数がかかるものもあります。効果が見られないからといって、すぐにほかの呪術を試してはならないとされています。中途半端に複数の呪術を同時に行なうと集中できないだけでなく、呪術と呪術が作用し合い、よくない副作用が生じる可能性もあります。

呪術をやり直したり、別の呪術を行なったりするときは最低でも三カ月は期間を置きます。

※最後の覚悟
——人を呪わば穴二つ。後悔してからでは遅すぎる

呪術には、対価となる代償が欠かせません。自分にかける呪術でも、人にかける呪術でも、人の未来に何らかの影響を及ぼすからです。

相手を守護する霊的存在の力が、あなたを守護する存在より強い場合、呪うと同時に呪い返しを受ける可能性もあります。呪術に頼るしかないと思うときは、精神的に参っていたり、追い詰められていたりするときでもあるはず。逃げたい気持ちだけで呪術に走らず、まずは心身のコンディションを整えて、万全な状態にしましょう。

また、好きな人を呪術で振り向かせたものの、別の相手を好きになってしまったり、誤解していただけで、実は呪術の対象を間違えていたりしたら大変です。

一度かけた呪いは、なかったことにはできません。自分の望みをしっかり分析し、

本当に呪術が必要なのかを確認しましょう。不満があって気に入らないというだけではなく、実害を被《こうむ》っているかどうかも考えて、呪術以外に可能な対策がないか、冷静な見極めも必要です。

メリットにはデメリットがつきものです。宝くじに当たり、高級車を買って事故死する小話のように、願いが叶ったとしても、何ものにも代えられない大切なものを失う場合もあります。そのことを忘れずに、「そこまでして本当に叶えたいのか？」を自らに問いかけてください。

呪術は最後までまっとうしなければならないものです。相応の精神力を保ったまま、月日を費やしていくことになります。

そこまでがんばる気力があるなら、呪術以外の方法で、目標を実現できる可能性もあるでしょう。そのことも踏まえて、今の自分にとってベストな手段を選ぶことが大事です。

呪いをかけたことを後悔してからでは遅いのです。

3章

目的別　呪術と現代版秘術

この章では、昔から伝わる呪術と現代版秘術を紹介します。誰もが知っているであろう「丑の刻参り」も、調べてみると奥深く、多様な方法が語り継がれています。

ここでは、呪術の世界観をおわかりいただけるように、日本に古くから伝わる手法をまとめました。なかには、人骨や生きものを使う呪術をはじめ、実行不可能なものもあります。

しかし、その手法を知れば、呪術が決して手軽なものではないことへの理解が深まり、相応の「覚悟」が必要なものだということもわかるはずです。

一方、現代版秘術では、手軽に行なえて実際に役立てることのできるものを紹介しています。

さまざまな呪術を知ることで、そこまでして叶えたいことなのかどうかを考えることもできるでしょう。呪術は自分を冷静に見つめるきっかけを与えてくれるものでもあるのです。

恋愛成就呪術

相手をその気にさせる

イモリの黒焼き

歴史

日本では、イタチ、イナゴ、ウジ、カエル、カラス、コウモリ、サル、スッポン、タニシ、トカゲ、ドジョウ、ヘビ、ヒルなど、さまざまな生きものや人間の身体の一部、臓器などを黒焼きにして「民間薬」がつくられていました。明治時代には墓から盗んだ死体の頭で黒焼きをつくった事件もあったそうです。

現代でも、イモリの黒焼きは、惚《ほ》れ薬としての媚薬《びやく》や精力剤として販売されているようです。漢方薬やサプリメントのようなもの、といえるのかもしれません。

用意するもの

- イモリ…一五匹
- ぴったりとフタが閉まる素焼きの土器（直径15～20㎝程度）…一つ

◆壁土…適量
◆炭火…適量
◆すり鉢・すりこぎ…一つずつ

手順

1 丑の刻にイモリ（お腹の赤いアカハライモリ）を捕獲し、一五匹に到達するまで続けます。捕獲したイモリは、手順**3**に進むまでしっかり飼育します。

2 素焼きの土器のフタに、直径1㎝程度の穴を開けておきます。

3 全身を洗い清めたら、集めたイモリを一匹ずつ殺して土器に入れて、フタをします。

4 フタは開かないように、壁土で塗り固めます。このとき、フタに開けた穴をふさいでしまわないように注意します。壁土が乾くまでそのまま二日ほど置いておきます。この土器が素焼きの窯《かま》となります。

5 **4**の土器を炭火でじっくりと一時間程度加熱します。黒焦げにしないよう火の強さを調整しながら行ないます。

6 土器を火からおろし、そのまま冷《さ》まします。

7 完全に冷めたら中のイモリを取り出し乾燥させ、すり鉢ですりつぶします。イモリの黒焼きの完成です。

8 イモリの黒焼きのパウダーを、意中の人の髪に振りかけたり、服や持ち物などにすり込んだりすると、相手がその気になるといわれます。意中の相手に飲ませるという説もあります。イモリの黒焼きは「子《ね》の日の子の刻」に使うと効果が高いといわれています。

注意 生きものの命を呪術に使う場合、果たせなかったとき自らがその生きものに呪われる恐れがあります。とても危険な呪術といえます。

❖ **註釈**

【黒焼き】

梅干の黒焼きは下痢止めに、髪の毛の黒焼きは止血作用、ウナギの黒焼きは肺結核に効果があるなどの、民間療法があったそうです。昭和初期に出版された『黒焼療法五百種』（田中吉左衛門著、主婦の友社、復刻・改訂版はメダカのがっこう刊）によると、黒焼きはさまざまな症例に効いたとか。科学的に証明できなくても結果がすべて。「効いた」という事実はたくさんあります。

【丑の刻】

午前一時〜三時ごろ。

【アカハライモリ】

日本の固有種。環境省レッドデータブックの準絶滅危惧種となっています。毒があり大変危険。自治体により捕獲を禁じている場合も。お腹部分が赤色のためアカハライモリの名があり、ニホンイモリとも呼ばれます。水田や池、流れのゆるやかな小川など、水中に生息。体長は10㎝くらい。オスの求愛行動がとても情熱的です。

【子の日の子の刻】

十二支を使った年月日のあらわし方。

たとえば、二〇二〇年は子年。子の月は旧暦の十一月で、おおむね新暦の十二月。子の日は十二日に一度やってきます。子の刻は午後十一時〜翌午前一時ごろ。

好きな人を引き寄せる

▼▼▼ 裏腹鏡

歴史

江戸の遊女がさかんに行なっていたと伝わる呪術の一つです。
好きな人の悪口を書いた紙を鏡に貼りつける「鏡の呪術」は効果が高く、現在でも、恋愛成就のおまじないとして人気があります。

時代によって、使用する鏡の種類や悪口の書き方、悪口を書いた紙の貼り方は変わるようですが、ここでは、『花柳界《かりゅうかい》おまじないと怪談』（朝寝坊記者談、新盛館）に伝わる当時のやり方を紹介します。

用意するもの

◆手鏡…一つ

◆半紙（鏡のサイズにカットしたもの）
◆筆記用具（墨、硯、筆など）
◆好きな人の個人情報（住所、氏名）
◆でんぷん糊《のり》…適宜

手順

1 半紙に相手の住所と氏名を筆で書きます（楷書で）。
2 続けて相手のありとあらゆる悪口を書きます。
3 最後に、「死んだ」と大きな文字で書きます。
4 **3**を上下逆さまにして、手鏡の裏にでんぷん糊で貼りつけます。ほどなく、好きな人と会うことができるでしょう。

注意 悪口を書いた鏡はその相手に見られてはいけないといわれています。

❖ 註釈

【書く内容】

相手の住所と氏名を楷書で書いたあと、「死んだ」と大きく書くだけの方法も。

【でんぷん糊】

ご飯粒をつぶしたものでも可。

恋愛成就呪術

会いたいときに必ず会える

厠神との約束

歴史

かつてトイレは「厠《かわや》」と呼ばれていました。今の水洗トイレとは違い、その多くは穴が深く掘られただけのもので、厠にたまった糞尿は肥料として売られていました。厠にたまった糞尿に小さな子どもが落ちれば、命を落とすこともあったでしょう。厠の中からスッと白い手が伸びてくるという怪談もありますが、あながちつくり話とは言いきれません。

生と死をつなぐトンネルのような存在でもある厠は、とてもミステリアスな場所。そこには、恋占いや恋の儀式などが数多く残されています。

用意するもの

◆懐紙《かいし》（お茶席などで使われる和紙）……一枚

◆好きな人の個人情報（住所、氏名、年齢）
◆ハサミ

手順

1 好きな人に会いに来てもらう日時を決めます。「〇年〇月〇日〇時」と具体的に。
※ここで決めたスケジュールが、厠神との約束の期日です。

2 好きな人の住所、氏名、年齢を暗記します。

3 懐紙を四つに折りたたみ、広げたときに紙の中央にあたる角をハサミで切り落とします。紙のまんなかに穴を開ける要領です。

4 **3**を持って、午前二時～三時のあいだに、トイレに入り、ドアを閉めます。

5 紙の穴に口をあてて、声を出さずに、好きな人の住所、氏名、年齢、来てほしい日時を唱えます。

6 厠神に恋愛成就を祈りながら、便器に紙を投げ入れて流し、後ろを振り返らずにトイレを出て、ドアを閉めます。願いが厠神に届いていれば、約束の日に好きな人が会いに来てくれるでしょう。

注意 本来は懐紙を用いて汲み取り式のトイレで行なうものですが、水洗トイレで行なうときは、水に溶ける紙を使用のこと。

❖ **註釈**

【厠神】
いわゆる「トイレの神様」。厠神信仰は、遊女だけのものではなく、大切な屋敷神の一柱として、また、女性の守護神として祀られてきました。

恋愛成就呪術

好きな人と結ばれる

川で結ぶ敬愛法

歴史

仏門や修験道の修行をしていた行者は、江戸時代に入ると民間の人々のための祈禱師として活躍しました。人々の生活に根づいた行者たちは、病気を治したり、憑物を祓ったり、予言を行なったりして、多くの人の相談に乗るようになりました。

さまざまなニーズに対応するために多くの呪法を編み出しましたが、男女の出会いと別れを祈念する方法も生まれています。ここで紹介するのは、人から愛されたいという願いを叶える敬愛法です。

用意するもの

◆和紙…一枚　◆筆記用具（墨、硯、筆など）

◆東の方向に伸びた柳の枝でつくった人形…二体

◆念珠《ねんじゅ》の糸…適宜
◆二つの川が合流する地点から汲んだ水…適宜
◆綿の巾着《きんちゃく》に入れた五穀…大さじ一杯ほど

手順

1 新月の日に全身を洗い清め、心を落ち着けます。
2 和紙に、意中の人と自分の氏名を、二つの川が合流する地点から汲んだ水ですった墨で書きます。
3 **2**の和紙を、二人の氏名が向き合うように折り、柳の枝でつくった二体の人形で挟みます。
4 念珠の糸で、**3**を三カ所でしっかりと結んで、恋愛成就を祈念します。
5 **4**を、綿の巾着に入れた五穀と一緒に、十字路に埋めます。
6 その日から七日間、毎朝、朝日に向かって般若心経《はんにゃしんぎょう》を読誦《どくじゅ》します。
7 意中の相手と一緒になれるだけでなく、お近づきになりたい相手と関係を結ぶことができるでしょう。

般若心経

観自在菩薩《かんじざいぼさつ》　行深般若波羅蜜多時《ぎょうじんはんにゃはらみったじ》　照見五蘊皆空《しょうけんごうんかいくう》
度一切苦厄《どいっさいくやく》　舍利子《しゃりし》　色不異空《しきふいくう》　空不異色《くうふいしき》　色即是空《しきそくぜくう》
空即是色《くうそくぜしき》　受想行《じゅそうぎょう》　識《しき》　亦復如是《やくぶにょぜ》　舍利子《しゃりし》　是諸法空相《ぜしょほうくうそう》
不生不滅《ふしょうふめつ》　不垢不浄《ふくふじょう》　不増不減《ふぞうふげん》　是故空中《ぜこくうちゅう》
無色無受想行識《むしきむじゅそうぎょうしき》　無眼耳鼻舌身意《むげんにびぜつしんに》　無色声香味触法《むしきしょうこうみそくほう》
無限界《むげんかい》　乃至無意識界《ないしむいしきかい》　無無明《むむみょう》　亦無無明尽《やくむむみょうじん》
乃至無老死《ないしむろうし》　亦無老死尽《やくむろうしじん》　無苦集《むくしゅう》　滅道《めつどう》　無智亦無得《むちやくむとく》
以無所得故《いむしょとくこ》　菩提薩埵《ぼだいさつた》　依般若波羅蜜多故《えはんにゃはらみったこ》
心無罣礙《しんむけいげ》　無罣礙故《むけいげこ》　無有恐怖《むうくふ》　遠離一切顛倒夢想《おんりいっさいてんどうむそう》
究竟《くうぎょう》　涅槃《ねはん》　三世諸仏《さんぜしょぶつ》　依般若波羅蜜多故《えはんにゃはらみったこ》
得阿耨多羅三藐《とくあのくたらさんみゃく》　三菩提《さんぼだい》　故知般若波羅蜜多《こちはんにゃはらみった》
是大神呪《ぜだいじんしゅ》　是大明《ぜだいみょう》　呪《しゅ》　是無上《ぜむじょう》　呪《しゅ》　是無等等呪《ぜむとうどうしゅ》
能除一切苦《のうじょいっさいく》　真実不虚《しんじつふこ》　故説般若波羅蜜多呪《こせつはんにゃはらみったしゅ》
即説呪曰《そくせつしゅわつ》　羯諦《ぎゃてい》　羯諦《ぎゃてい》　波羅羯諦《はらぎゃてい》　波羅僧羯諦《はらそうぎゃてい》

菩提薩婆訶《ぼじそわか》　般若心経《はんにゃしんぎょう》

注意　下に物を埋めるには土の道でなければ難しいでしょう。また、埋めたものは掘り返されないようにします。なお、公道などには勝手に埋められません。

❖註釈

【念珠の糸】
数珠をつなぐ糸。

【五穀】
米・麦・粟《あわ》・豆・黍《きび》または稗《ひえ》など。

【般若心経】
正式名称は「摩訶般若波羅蜜多心経」という。三蔵法師が天竺《てんじく》（インド）から持ち帰った「大般若経」六〇〇巻を二六六字で表現したものといわれる。悟りの境地を得る教え。

結婚したいあなたへ

鬼子母神の成婚呪法

歴史

五〇〇人の子どもを産み育てるために、人間の子をさらって食べていた鬼子母神《きしもじん》。釈迦《しゃか》の導きで悔《く》い改め、一切の子どものための守護神となりました。

鬼子母神の呪術の一つである鬼子母神の成婚呪法は、理由はともあれ、それまで結婚を叶えられずにいた女性が結婚できるというものです。鬼の顔から天女の顔へと変わった鬼子母神の力で、妻となる未来が手に入るでしょう。

用意するもの

◆鬼子母神の絵…一枚
◆祭壇（白い布をかけたテーブル）
◆供物《くもつ》（花、水、お菓子など）…適宜

◆沈香《じんこう》…一つ
◆灰…人形をつくれる程度の量

手順

1 新月の夜、沈香を焚きます。

2 被甲の印を結び、鬼子母神の陀羅尼《だらに》を念誦《ねんじゅ》できるように暗記します。覚えられるまで新月の夜ごとにくり返します。

鬼子母神の陀羅尼

ノウモラチノウチラヤ・ダモガリチエイ・マカヤキャシテイ・アボキャエイ・サッチエイハジネイ・ボタバリヤエイ・ジャダカリニエイ・ハンサホチラ・シャタハリバエイヒリカラエイ・バキャタサバサチバ・ノウバソキリタエイ・バキャバンカリチエイ・キリタイヤバベイタイシャメイ・ボタテイジャバニチ・サバラタエイ・バガバンホララキシャシ・バガバンモシタシ・ハラホチラ・ビキンノウビノウヤカ・ボリハサンバニタトラダラ・マンチラバダホダラ・カラシャエイ・チニヤタ・シバタイ・バリ

バテイ・ネイチラカツチ・サツバキツバカラダエイソワカ

3 鬼子母神の陀羅尼がすらすら念誦できるようになったら、新月の夜に灰を水でこねて人形をつくります。

4 部屋を清浄にし、水を浴びて全身を清めます。

5 部屋の東側に祭壇を設置し、そこに鬼子母神の絵を西向きに飾り、供物を供え、戸や窓を閉めきり部屋を真っ暗にします。

6 沈香を焚き、灰人形を供えます。その前で召請印を結び、理想の結婚をイメージしながら、鬼子母神の陀羅尼を一〇八回念誦します。

7 灰人形を毎日七回拝むと鬼子母神があらわれ、結婚が叶うといわれます。

注意 鬼子母神が顕現しても安心せず、念誦と供養をくり返し、顕現に慣れるまで誰とも言葉を交わさずにいないと、災いがもたらされるそうです。

❖ 註釈

【沈香】
ジンチョウゲ科の常緑樹の樹液が、長い時間をかけ変質し、香りを発するようになったもの。なかでも特に上質な沈香は「伽羅《きやら》」と呼ばれます。

【被甲の印】

【陀羅尼】
サンスクリット語の「ダーラニー」を漢字であらわしたもの。ダーラニーは、仏教の呪文的なお経、呪文の一種。

【召請印】

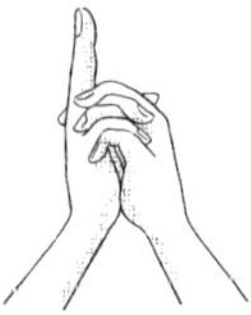

宿敵撃退呪術

藁人形燃やし

好きな人と恋敵を仲違いさせる

歴史

呪いに用いられる藁人形は、憎悪する相手の身代わりです。その人形に何らかの呪いをかけ、神仏に祈りを捧げることで、相手に呪いの効果を促します。丑の刻参りでは、藁人形を神社の御神木《ごしんぼく》に五寸釘で打ちつけるとされています。ここでは、藁人形の呪いの中の一つ、「藁人形で仲違いをさせる方法」を紹介します。

用意するもの

◆藁人形…一体
◆相手の髪や爪、毒…適宜
◆焚き木と火種（マッチ、ロウソク、新聞など）

手順

1 相手の髪や爪などと、毒を混ぜ、藁人形にすり込みます。

2 丑の刻に、焚火《たきび》をしても安全な場所で焚き木を組み、キャンプファイヤーのように火をおこします。

3 火が燃え上がったところで、思い人《びと》と仲違いさせたい相手（恋敵）に見立てた藁人形に呪いを込め、火の中に投じます。

4 藁人形をしっかり燃やします。燃え尽きるまで待ちます。

5 燃やしたあとの灰を集め、風で飛ばすか霊場にまきます。灰が消えてなくなるときに呪いが叶うでしょう。

注意

火の扱いと後始末に注意。行なう場所によっては通報される可能性も。

❖ 註釈

【藁人形】

「藁人形＝呪い」と思われがちですが、死者を埋葬する際の副葬品として用いられたり、病気や災いを除《よ》けたりするための形代でもありました。疫病を追いはらうために、道に藁人形を置いたという話も伝えられています。

【毒】

トリカブト、ベラドンナなど、自然界にある毒。

【丑の刻】

午前一時〜三時ごろ。

【霊場】

寺院やお墓、神社などのある土地。霊験あらたかな場所のこと。

宿敵撃退呪術

知らずに踏めば呪いがかかる

埋鎮

歴史

埋鎮《まいちん》は、『宇治拾遺物語《うじしゅうい》』に「御堂関白ノ御犬　晴明等　奇特ノ事」という話にも伝わっています。藤原道長が法成寺《ほうじょうじ》に参詣するために寺に入ろうとした際、連れていた白い犬がそれを阻《はば》みました。そこで、陰陽師・安倍晴明に占わせたところ、地中に道長を呪う呪物が埋まっていました。

呪物は、コヨリが十字にかけられた二枚重ねの土器で、内側になっていた土器の底には、一文字が朱砂《しゅしゃ》で記されていたそうです。

用意するもの

◆小ぶりの素焼きの土器の皿…同じものを二枚
◆筆記用具（朱墨、硯、筆など）

◆赤い和紙…一枚ほど

手順

1 土器の一枚の裏面に、ライバルを思い浮かべながら朱墨で似顔絵を描き、乾かします。

2 赤い和紙でコヨリをつくります。

3 もう一枚の土器の上に**1**の土器を重ね、絵が見えないようにします。

4 **2**でつくったコヨリで、**3**の土器を十字に縛ります。

5 家から東南の方向にある木の後ろ側に、**4**の土器を埋めます。

注意 **埋めたあとに掘り起こされると逆効果になるといわれています。**

❖**註釈**

【朱砂】
水銀の硫化鉱物。日本では朱、丹《に》と呼ばれる赤い顔料。辰砂《しんしゃ》ともいう。

【コヨリ】

赤い和紙を2㎝幅程度に細長くカットして、それを斜めに指でクルクルと巻くようにしてより合わせ、紐《ひも》状にしたもの。

【埋鎮】

土地の穢れを祓うときに行なう。現代も地鎮祭などで行われます。

宿敵撃退呪術

ライバルを蹴散らす

大威徳明王調伏法

歴史

「閻魔《えんま》を倒す者」という意味の名を持つ大威徳明王《だいいいとくみょうおう》は、降《ごう》閻魔尊とも呼ばれ、調伏の霊験の威力で知られています。

戦勝祈願の対象として崇敬され、鎌倉時代の蒙古襲来の際に、朝廷の命令によって、大威徳明王調伏法が全国で行なわれました。蒙古軍の二回の侵攻はともに「神風《しんぷう》」に阻まれ、多大な被害を出して撤退していったと伝わっています。

用意するもの

◆祭壇（白い布をかけたテーブル）

◆人形（黒泥でつくり、乾かしたもの）…一体

◆焚き木と火種（マッチ、ロウソク、新聞紙など）

◆獣《けもの》の骨でつくった杭《くい》（18㎝程度が望ましい）…五本　◆獣の糞…適量
◆和紙…五枚　◆花…四輪
◆安息香…一つ　◆黒色の三角の板…一枚
◆かなづち

手順

1 部屋を清浄にし、水を浴びて全身を清めます。

2 部屋の南に祭壇を設置し、その四隅に和紙を敷き、花をそれぞれにのせます。

3 祭壇の中央に、残った一枚の和紙を敷き、その上に黒色の三角の板の角の一つを南に向けるようにのせます。

4 大独鈷《どっこ》印を結び、大威徳明王の真言「オン・シュチリ・キャラロハ・ウンケンソワカ」を、一万回唱えます。

5 三角の板の上に人形を仰《あお》向《む》けに置き、その腹に獣の糞を塗ります。

6 **5**の人形に、獣の骨でつくった杭を一本ずつ順に刺します。大威徳明王の真言を一〇八回唱えて人形の左の肩に刺し、再び一〇八回真言を唱えて右の肩に刺し、また一〇八回唱えて左の脛《すね》に刺し、さらに一〇八回唱えて右の脛に刺し、最後に心臓に刺して一〇八回唱えます。

7 安息香を焚いて、大威徳明王の真言を一万回唱えます。

8 「オンアクウン」と唱えながら、人形をかなづちで叩き、木っ端《ぱ》みじんにして火に投じます。宿敵は消滅するでしょう。

注意 呪殺目的に生まれた危険な呪術。火の扱いと後始末にも要注意。かなりハードルの高い呪術です。

❖註釈

【調伏】
修行によって自らを高め、障害を抑え込むこと。

【神風】
神や自然が味方となって起こった台風や暴風雨。

【黒泥】

有機物の分解が進んで黒くなった土。

【安息香】

エゴノキ科のアンソクコウノキの樹液を固めたもの。気持ちを落ち着かせる効果があるといわれています。英名はベンゾイン。

【大独鈷印】

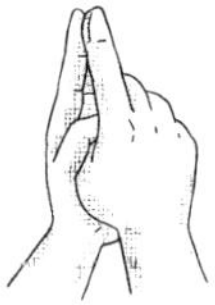

【大威徳明王の真言】

就寝前にこれを七回唱えると、悪夢が消滅するとも伝わっています。

復縁を叶える ▼▼▼ 戻り狐

歴史

思いが叶って好きな人と幸せな月日をともに過ごしたものの、何らかの理由や事情で疎遠となってしまうというのは、今も昔も変わらないよくある話の一つです。

心身ともに相手を忘れられず、次の恋に進めなくなるようなとき、「戻り狐の呪術」を使い、復活愛を実現させていた人々がいたようです。

その絶大なる効果から「二度と使いたくない」と思ってしまう人もいたという呪術を紹介します。

用意するもの

◆和紙…一枚　◆筆記用具（墨、硯、筆など）
◆でんぷん糊…適宜

◆三段以上ある引き出しや棚

手順

1 新月の日の丑の刻に、相手の家の方角を向き、相手との復縁に願いを込めて、和紙に「狐」と書きます。

2 **1**の和紙を上から三段目の引き出しか棚の裏側にでんぷん糊で貼りつけます。

3 その後、引き出しの中から、または棚から物が落ちると、間もなく相手があらわれるでしょう。

注意 わざと落としたり、すぐに落ちるようにしたりすると、正しいシグナルを受け取れなくなります。

❖ 註釈

【でんぷん糊】
ご飯粒をつぶしたものでも可。

【丑の刻】

午前一時～三時ごろ。丑の刻の「丑」の字に、「糸」を書き足すと、「紐」になります。丑の刻の呪術は、結ばれた縁をたぐり寄せる紐になるのです。

【狐】

「狐」には「来つ寝」の意味があり、再び相手があらわれ、一緒に眠ることをあらわします。

復活愛呪術
蛙針

忘れられない相手とよりを戻す

歴史

蛙《かえる》は、「無事に帰る」という語呂合《ごろあ》わせから、昔から人が帰ってくることを祈るお守りとされていました。現代でも縁起物《えんぎもの》として土産物《みやげもの》店などで見かけることも多いでしょう。

お金が戻ってくるということで、金運のお守りにされることもあります。

ここで紹介するのは、江戸時代の吉原遊郭《よしわらゆうかく》で流行した蛙の呪術です。自由な恋愛を許されなかった遊女たちは、忘れられない人との再会を待ち望んでいました。蛙のご利益は絶大だったとか。

用意するもの

◆緑色の折り紙（相手の好きな色などでも可）……一枚

◆筆記用具（墨、硯、筆など）
◆まち針…一本
◆フタつきの箱（折り紙でつくった蛙を入れられる程度のサイズで、まち針が刺さる素材のもの）

手順

1 折り紙の裏面（色がついていないほう）の中央に、相手の氏名と年齢を筆で記して、乾かします。

2 古典折り紙の折り方で蛙を折ります。相手との復縁を祈りながら、ていねいに美しく折ります。

3 蛙を折り上げたところで、「（相手の氏名）は、わがもとに帰る」と唱え、息を吹き込んで蛙を膨らませます。

4 **3**の蛙を箱に入れ、箱の中で位置が動かないように、まち針を刺したら、フタを閉じます。箱はそのまま大事に収納しておきます。誰にも見られないように注意してください。

5

身動きのとれない蛙が、愛しいあの人を呼び戻してくれるでしょう。

願いが叶ったらまち針を抜いて、蛙を箱から出し、いったん水面（洗面器の水など）に解放したあと、蛙もまち針も箱も処分します。

注意 針は裁縫用の「まち針」を使います。愛しい人を傷つける針ではなく、待っているあなたのもとに帰らせるための「待ち針」です。

❖註釈

【蛙】

春になると蛙は黄泉《よみ》の国から蘇るように冬眠から目覚めます。まさに「よみがえる」象徴といえます。蛙の力が恋を蘇らせるのです。

【古典折り紙の折り方】

蛙の折り方は市販の「古典折り紙キット」が参考になります。

再び縁がつながるまじない

復縁の呪箱

歴史

町人の生活が豊かになった江戸時代には、多くの文化が生まれました。歌舞伎などの芸能もさかんになり、恐怖を楽しむ怪談も流行し、多くの幽霊画も残されています。霊的なものを身近に感じ、その力を使って不可能を可能にしたいと願うのはとても自然なことだったでしょう。

花柳界をはじめ、広く伝わったおまじないと怪談があります。明治時代の終わりに編まれた『花柳界おまじないと怪談』からの民間呪術です。

用意するもの

◆半紙…一枚
◆筆記用具（朱墨、硯、筆など）

◆フタつきの木箱　◆釘…三本
◆かなづち

手順

1 友引の日の朝か夕方に行ないます。半紙の下半分に相手の氏名を書き、その下に年齢を記します。

2 **1**の半紙の上半分に、「ばらの花、針のあるのも知らずして」と、楷書で読みやすいように朱墨で書きます。

3 **2**の半紙を、書いた面を内側にして折りたたみ、フタつきの木箱に入れます。

4 **3**のフタにしっかりと釘を打ち、開けられないようにします。まず、箱の一辺の中央に一本目を打ちます。その辺を手前に箱を置いたら、そこから伸びる左右の二辺の奥寄りに、それぞれ一本ずつ、二本目と三本目を打ちます。

5 **4**の箱を、人目につかないところに隠します。すると、約一カ月後～一年以内くらいに、意中の人と再会し、その後、復縁できるでしょう。

6 復縁が叶ったらその夜のうちに箱を処分します。箱についた埃《ほこり》や汚れなどは落とさずフタも開けず、そのままの状態で川に流します。

注意 誰かにフタを開けられてしまうと効果がなくなるばかりか、呪いをかけていることを人に知られてしまう恐れがあります。同居者のいる人は隠し場所に注意し、ひとり暮らしの人も来客に荒らされないように。

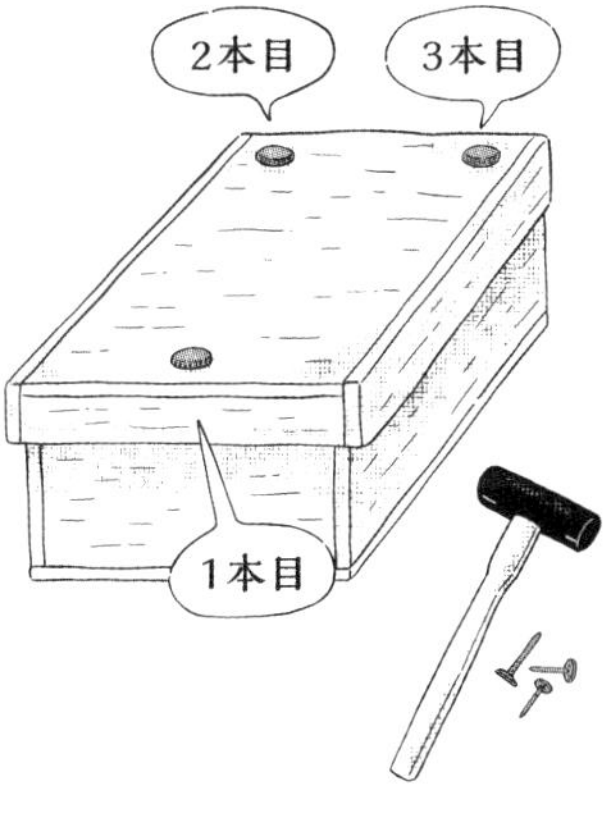

註釈

【友引】

「ともに引き合う」友引の日です。二人がともに引き合うように祈るのにふさわしい日です。友引の日の正午の時間帯は大凶なので、大いに吉とされる朝か夕方が、呪箱づくりに最適です。ちなみに、朝と夕方~夜は吉。昼間は凶運の日。現代では、葬式を避ける日で、勝負事にも適しません。ひと月に三~四日ほどあります。

略奪愛を叶える

鬼子母神髑髏法

歴史

71ページで紹介した鬼子母神にまつわるもう一つの呪術である髑髏《どくろ》法は、敵を撃退する強力な呪術です。

相手の家庭に災いをもたらし、原因不明の半狂乱に追い込むといわれています。不倫などに悩む人の切実な思いや情念が込められた秘法といえるでしょう。

用意するもの

◆祭壇（白い布をかけたテーブル）
◆沈香…一つ
◆供物（花、水、お菓子など）…適宜
◆人間の髑髏…一個

手順

1 鬼子母神の成婚呪法の手順の**2**（72ページ）を行ないます。鬼子母神の陀羅尼をすらすら念誦できるように暗記します。

2 部屋を清浄にし、水を浴びて身体を清めます。

3 祭壇を設置し、供物を供えたら祭壇の前に座り、沈香を焚いて、髑髏を供えます。

4 被甲の印を結び、相手への念を込めながら、鬼子母神の陀羅尼を一〇八回念誦し、髑髏を加持します。

5 **4**の髑髏を相手の家に隠し置きます。

注意 現代では墓荒らしや家宅侵入罪などで捕まる可能性もある非常に危険な呪術。髑髏の災いが自らに及ばぬよう、鬼子母神の真言「オン・ドドマリ・ギャキテイ・ソワカ」を自分に向けて二一回、呪《かし》ることが鉄則とされていたようです。

❖ 註釈

【髑髏】

狂暴で執着の強かった者の髑髏ほど効果があるとされていたようです。呪いたい相手をこらしめたところで満足したら、髑髏を撤収するとおさまるともいわれています。

【被甲の印】

【加持】

祈禱を意味するほかに、供物、香水、念珠などを清める作法、また、大日如来の大悲と衆生の信心をあらわすとも。

【呪る】

呪文を唱えて神仏に祈り、福や災いについて願うこと。

魔除けと清めの呪術

災いを祓い、願いを叶える

▼▼▼反閇

歴史

古代中国王朝「夏《か》」の禹《う》王が行なった呪術的な歩行法「禹歩《うほ》」が、道教の呪術とともに日本に伝わり、「反閇《へいばい》」と呼ばれるようになったといわれています。陰陽道や修験道などで用いられ、宮中儀礼の神事として行なわれていました。

平安時代に栄えた陰陽道と、日本古来の鎮魂の作法が反閇と習合し、神楽《かぐら》から猿楽《さるがく》にまで取り入れられました。三足、五足、九足など数ある反閇の中から、災いを祓って願いを叶える「北斗七星《ほくとしちせい》の反閇」を紹介します。

用意するもの

◆特になし

手順

1 全身を洗い清め、心を落ち着けます。叶えたい願いを三度唱え、三度まばたきをして、五回深呼吸をします。

2 気持ちが落ち着いたら、**2**〜**9**の手順で、星の真言を唱えながら、貪狼《どんろう》星から破《は》軍《ぐん》星へ一歩ずつ、反閇の歩みを進めていきます。

①の位置で両足をそろえて、少し右足を前に出すのが、まず一歩目です。右足を少し前に出すときに、貪狼星の真言「オンダラジタラジム」を唱えます。

3 二歩目。巨門《こもん》星の真言「オンクロダラタム」を唱えながら、左足を右足に交差させながらすり足で②へと出し、着地。

4 三歩目。禄存《ろくそん》星の真言「オンハラダギャム」を唱えながら、再び左足をすり足で前に出し、③に着地。

5 四歩目。文曲《もんぎょく》星の真言「オンイリダラタム」を唱えながら、右足を左足の後ろを通るようにすり足をして、④に着地。

6 五歩目。廉貞《れんてい》星の真言「オンドタラニム」を唱えながら右足をすり足で横に出し、⑤に着地。

7 六歩目。武曲《ぶきょく》星の真言「オンギャドロム」を唱えながら、左足を右足の後ろを通るようにすり足で横に出し、⑥に着地。

8 七歩目。破軍星の真言「オンバサダカンダム」を唱えながら、右足をすり足でやや前に出し、⑦に着地。

9 最後に左足をすり足で、⑦の位置にある右足に合わせるように着地します。

10 **2～9**を何度もくり返します。

注意 神事ですので厳正な気持ちで行ないましょう。

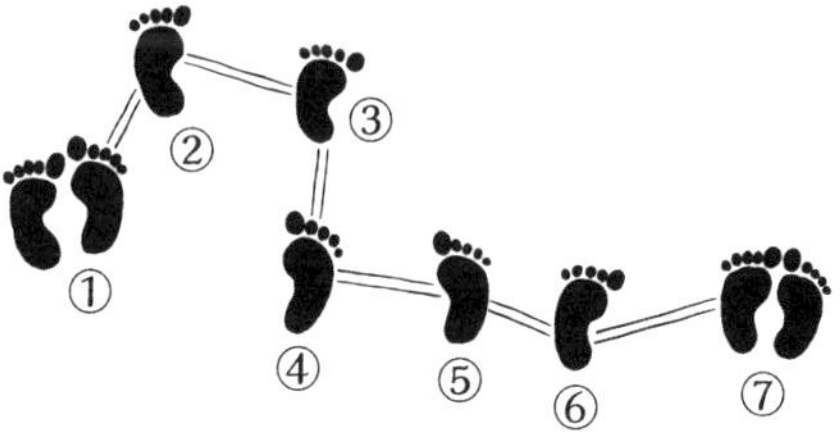

❖ **註釈**

【星の真言】

仏教の真実を秘める呪文。仏尊や星ごとに真言があります。

【反閇で描かれる星】

反閇の七つの星は、北斗七星の七つの星の、中国の古い呼び名。

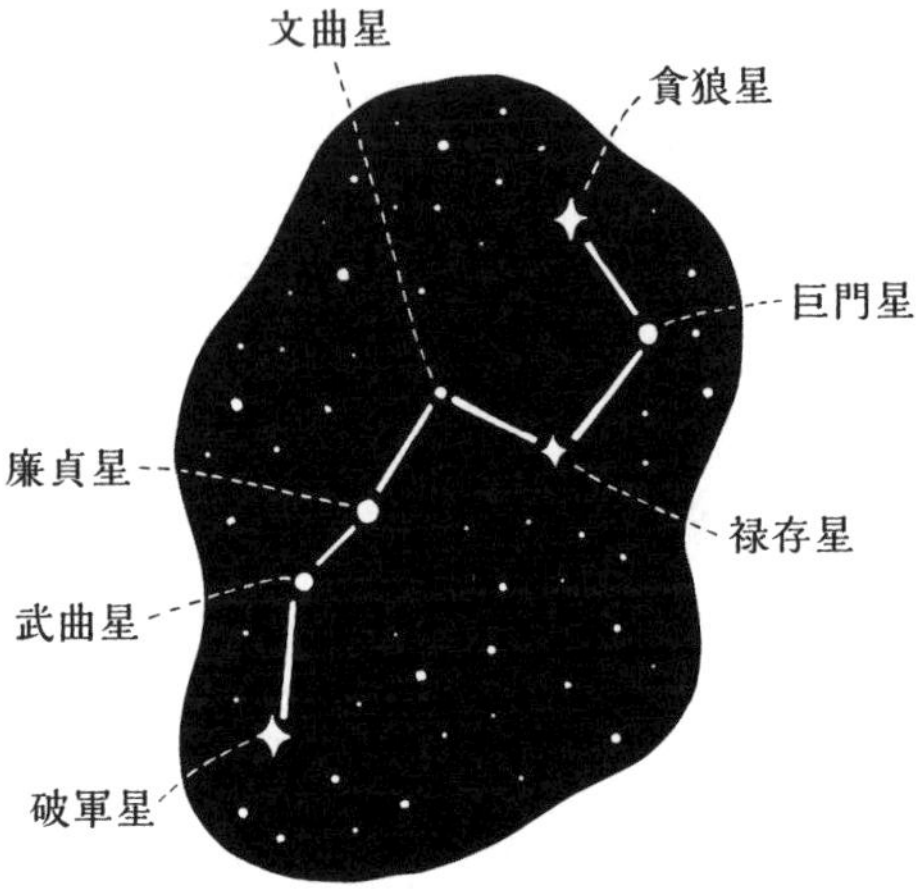

浮気封じ呪術

愛歓呪符

嫉妬心を抑え実りある関係を結ぶ

歴史

悟りを妨げる煩悩《ぼんのう》は人間から切り離すことができません。しかし、その煩悩から生まれる苦しみを克服しようとすることで心が悟りへと向かうのです。

煩悩即菩提の明王・愛染明王《あいぜんみょうおう》は、人々の愛欲と怨憎《えんぞう》を昇華し、人の心を悟りへと導いてくださるといわれています。嫉妬心をなだめ、実りある関係を結びたいという望みを叶える方法です。

用意するもの

◆和紙…二枚

◆筆記用具（墨、硯、筆など）

手順

1 部屋を清浄にし、水を浴びて全身を清め、心を落ち着けます。

2 愛染明王の真言「オン・マカラギャ・バザロウシュニシャ・バザラサトバ・ジャクウン・バンコク」を唱え続けながら、二枚の和紙にそれぞれ、右のお札を書きます。一枚ずつていねいに書き上げます。

3 **2**のお札の一枚は自分が携帯し、もう一枚は思い人に持たせます。持ち物に忍ばせておいてもいいでしょう。

注意

お札を書くことに集中するため、真言は暗記しておきます。

❖ **註釈**

【真言】 サンスクリット語のマントラで、仏教における神聖な呪《しゅ》。サンスクリット語の発音で伝わる。

男の浮気を封じる

懐紙箱

歴史

現代でも、お茶席などで使用される「懐紙」。読んで字のごとく、懐《ふところ》に入れて持ち歩いていた紙で、その歴史は平安時代までさかのぼります。平安貴族が愛用していた懐紙は、江戸時代の庶民にも普及し、鼻をかんだりするのに使われていました。遊郭の遊女たちは、夜伽《よとぎ》の後処理にも懐紙を使い、使用済みの懐紙の散らばる春画も残されています。そんな使用済みの懐紙を使う、浮気封じの呪いです。

用意するもの

◆懐紙…一～二枚
◆フタつきの箱
◆夜伽初回の相手の精液…すべて

手順

1 好きな人の夜伽をします。

2 相手の精液を懐紙を使ってすべて拭《ぬぐ》います。

3 気づかれないように懐紙を箱の中にしまってフタを閉じます。使用済みの懐紙は、その男の身代わりで、箱は女の性器を象徴します。ほかの箱に入れなくするという浮気封じの呪術です。畳の下に使用済みの懐紙を隠し、畳を踏むことで、男の力を弱めるという方法も伝わります。

4 箱を隠し持っていると、その相手はほかの女と肉体関係を結べなくなります。

注意 **チャンスははじめての夜伽のときの一回だけです。**

❖ **註釈**

【懐紙】

二つ折りにした和紙。「ふところがみ」「てがみ」「たとうがみ」とも呼ばれます。

浮気封じ呪術

ほかの女に寝取られるのを防ぐ

スルメの酢漬け

歴史

江戸時代の京や大阪の遊郭に伝わる、酢漬けの呪いがあります。遊郭の女たちは、好きな男ができても、その相手から身請けを申し出されない限り、遊女を続けるしかありません。

そこで、大事な男を見つけると、ほかの女に寝取られぬよう、男に呪いをかけていたそうです。当時、歯や骨をやわらかくすると信じられていた「酢」は、男の勃起《ぼっき》を妨げるのに役立つと思われていたのでしょう。酢漬けで腑《ふ》抜《ぬ》けにする、浮気封じの呪術です。

用意するもの

◆スルメ…一枚（同サイズの干した昆布でも代用可）

◆酢…適量
◆フタつきの壺（スルメを浸せるサイズのもの）
◆ハサミまたはナイフ
◆針ピン…一本
◆筆記用具（墨、硯、筆など）

手順

1 水を浴びて全身を清めたら、スルメを人型に切り抜きます。
2 墨をすり、人型のスルメに男の氏名と年齢、干支を記したら、好きなところ一カ所に針を刺します。
3 壺に酢を注ぎ、**2**のスルメをその中に入れ、フタをします。
4 **3**を、縁の下などの暗所に置き、男が訪れるまで待ちます。
5 男があらわれたら、男と言葉を交わす前にスルメを酢から取り出し、針を抜いて乾かします。針を抜くと男は心身の不調がなくなり、元気になります。
6 男と再会し、言葉を交わしたあと、**5**のスルメをさらにしっかり乾かします。干し終わったスルメは処分します。

注意 男があらわれた際、男と言葉を交わす前に、スルメを酢から取り出してピンを抜き、乾かすという段取りは必須です。それを怠《おこた》ると、男がほかの女のところに行くだけでなく、肉体関係を結べぬまま恋が壊れてしまいます。

註釈

【スルメ】
スルメが男の身代わりに用いられたのは、その硬さからでしょう。干し昆布なども代用品として用いられます。どちらも、酢漬けにするとやわらかくなります。

【干支】
生まれ年の干支。呪術では一年の区切りを二月四日～翌二月三日として考えます。
節分前に生まれた場合、前の年の干支となります。
例：二〇二〇年（子年）一月生まれの干支は亥年。

悪縁を断ち切りたい

二つの川の離別法

歴史

大化元年から和銅《わどう》三年の平城京遷都までの白鳳《はくほう》時代。呪術者として知られる役小角《えんのおづぬ》(役行者)は、山岳信仰である修験道の開祖といわれ、多くの伝説が残されています。役小角は、一七歳で元興寺《がんごうじ》に学び、その後山林修行に入ると、全国の霊山といわれる山々をくまなく遍歴しながら、超人的な法力や行力を得たそうです。

その後も多くの行者たちが呪力を得るため厳しい修行を続けました。その修験道の行者に伝わる難易度の高い離別法です。

用意するもの

◆死体を火葬した際の煤《すす》…大さじ一ほど
◆膠《にかわ》…大さじ一ほど

◆二つの異なる川から汲んだ水（二種類の川の水）…適宜
◆スギの木でつくったヒトガタ…二体
◆筆記用具（硯代わりの小皿…二つ　筆…二本）
◆山鳥の尾羽…一本
◆糸…適宜
◆綿の巾着に入れた五穀

手順

1　申《さる》の日の日没後、全身を洗い清め心を落ち着けます。

2　死体を火葬した際の煤に膠を混ぜ、半分に分け、小皿に入れます。

3　2の一方は一つの川の水、もう一方は別の川の水で溶き、それを墨にします。

4　3でつくった二種類の墨それぞれを自分用と別れたい相手用として、一方のヒトガタに自分の、もう一方に相手の氏名を記します。

5　4のヒトガタを背中合わせ（氏名のないほうが背中）にして、山鳥の尾羽を挟んで別れを祈念します。

6　**5**のヒトガタの四カ所を糸で結び、綿の巾着に入れた五穀と一緒に、十字路の下に埋めます。

7　翌朝、朝日に向かって般若心経を逆さに七回読誦します。

8　最後に妙見呪《みょうけんしゅ》「オン・ソチリシュタ・ソワカ」を唱えます。

注意　般若心経は、相手との縁を結ぶ敬愛法に使われます。逆さに読むことで、結ばれた縁を切ります。通常の読み方をしてしまうと効果はありません。

❖註釈

【膠】
動物の骨、皮、腸、腱などを煮出して取り出したゼラチン。

【五穀】
米・麦・粟・豆・黍または稗など。

【申の日】
十二支を使った年月日のあらわし方。申の日は十二日に一度やってきます。

【般若心経を逆さに】

般若心経は恋愛成就呪術の「川で結ぶ敬愛法」（69ページ）を参照のこと。

次のように最後から逆さに読みます。

…菩提薩婆訶《ぼじそわか》　般若心経《はんにゃしんぎょう》　↓　経心若般《ぎょうしんにゃはん》　訶婆薩提菩《かわそじぼ》…

【妙見呪】

北極星、または北斗七星を神格化した星神の真言。人間の運命を司るとされています。

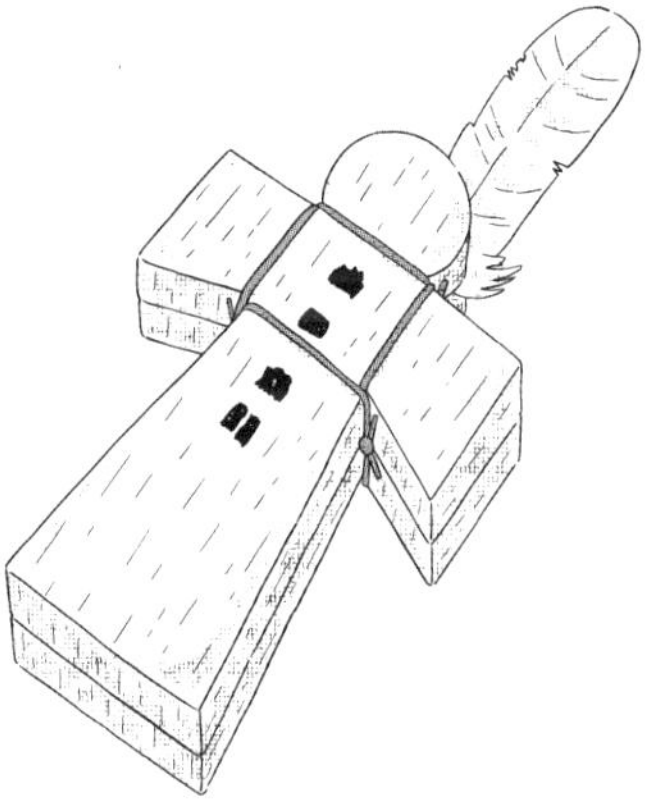

嫌な相手と縁を切る

離別祭文

歴史

日本最古の法律といわれる『大宝律令』には、「七去三不去」という十の規定がありました。男性に優位な規定が並び、今なら女性の人権侵害とみなされ、世界から批難を受けるようなものです。

結婚後、夫に理不尽なことをされても、妻は自分から別れを切り出せず、どこかにかくまってもらうか、呪術のような手段に頼るしかなかったのでしょう。「離別祭文《りべつさいもん》」は、奈良の元興寺の極楽坊の古文書に伝わる、別れのための祈禱です。

用意するもの

◆白絹…七枚　◆イヌタデ…一本

◆青、赤、白、黒、黄、紫、緑の紙…各一枚

◆松の木でつくったヒトガタ…二体（一体は別れたい相手、一体は自分）
◆和紙（「離別祭文」を記すためのもの）…一枚
◆筆記用具（墨、硯、筆など）
◆白皿にのせた供物（果物、かつおぶし、塩、酒、米）…適宜

手順

1　申の日からはじめます。

2　部屋を整え、沐浴《もくよく》をして心身を清めます。部屋の中央に、七枚の白絹をUの字に並べ、その上に、青、赤、白、黒、黄、紫、緑の紙を乗せて、七人の離別将軍《りべつしょうぐん》の座を用意します。

3　U字のすぐ下に、二体のヒトガタを並べます。

4　「離別祭文」を、和紙に筆で書写します。

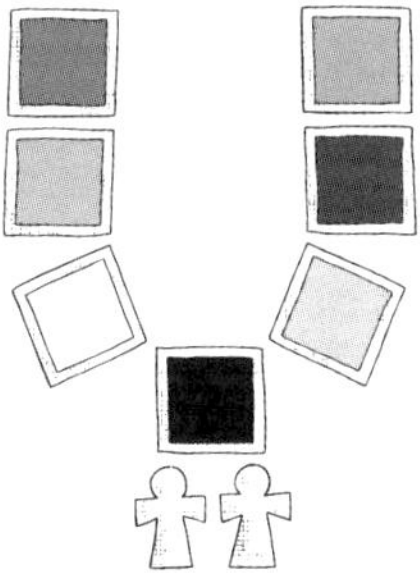

離別祭文

謹んで降臨の離別将軍に啓し奉る。漢朝が古風を尋ね、鄭国《ていこく》が旧規に依って、聊《いささ》か薄礼を捧げて恩を祈り福を求む。

抑《そもそ》も弱きを撫でて賤《いや》しきを矜《あわれ》むは良夫の意、咎《とが》を宥《なだ》めて罪を赦《ゆる》すは慈夫の計なり。しかるに当夫の所行、例人に似ざる所以《ゆえん》は何ぞや。善心は万の一なり、凶悪は千の万なり。夫が邪心を以《も》って妻が正直を失う。ここに因《よ》って夫を棄《す》て避けんと欲す。

是《これ》を以て、東方青帝将軍《とうほうせいていしょうぐん》早く悪夫を離別せしめ給へ。南方赤帝《なんぽうせきてい》将軍早く悪夫を離別せしめ給へ。西方白帝《せいほうはくてい》将軍早く悪夫を離別せしめ給へ。北方黒帝《ほっぽうこくてい》将軍早く悪夫を離別せしめ給へ。中央黄帝《ちゅうおうおうてい》将軍早く悪夫を離別せしめ給へ。上方紫《じょうほうし》帝《てい》将軍早く悪夫を離別せしめ給へ。下《か》方緑 帝《ほうりょくてい》将軍早く悪夫を離別せしめ給へ。

神剱《かみつるぎ》を瑩《みが》いて以って悪夫の道を切り、威力をおおいかくして悪夫の道を遮り給へ。

昔の偕老《かいろう》は枕を千秋に並べ、同穴は万春に重《かさ》ぬ。今は鴛鴦《おしどり》の契りを棄て、比翼《ひよく》の志を断つ。一宅に合衾《ごうきん》の内にして同心に親近する縁夫なりと雖《いえど》も、他郷に離別して二心の疎人《そじん》たらんと欲す。もし祈請に答えずんば神霊無きなり。仍《よ》って今度の所望を以って神の有無を知らん。謹んで啓す。
令和〇年〇月〇日　自分の氏名

5　**3**で置いた二体のヒトガタを背中合わせにし、背と背のあいだにイヌタデを挟んで立たせます。

6　**1**～**5**までの準備ができたら、次の申の日まで待ちます。

7　申の日から離別祭を始めます。七人の将軍に二礼したのち、次の言葉で、離別将軍の降臨を請《こ》います。

謹請離別将軍

これ日本国（自分の住所）に住まいする、主人（自分の氏名）、令和〇年〇月〇日（儀式を行なう日）、沐浴潔斎して礼典を設けたてまつる。
謹請《きんじょう》　東方離別青帝将軍
謹請　南方離別赤帝将軍

謹請　西方離別白帝将軍
謹請　北方離別黒帝将軍
謹請　中央離別黄帝将軍
謹請　上方離別紫帝将軍
謹請　下方離別緑帝将軍

8　離別将軍たちに、供物を白皿にのせて供えます。供物は、U字の中央に置いてください。

9　二礼して、離別祭文を読み上げます。

10　最後に二礼します。

11　**7**〜**10**の手順を、七日間続けて行ないます。夫に限らず、別れたい嫌な人すべてに効力があります。

注意　七人の離別将軍に誓いを立てて願うということを忘れず、真剣な気持ちで行ないます。

❖ 註釈

【イヌタデ】

「タデ科イヌタデ属」の一年草。

赤紫色の小花や実をつける、道端に普通に見られる雑草の一種です。二体のヒトガタは自分と相手で、背中に挟むにおいのきついイヌタデは、離別の意志をあらわします。

【申の日】

旧暦の申の日。「申の日」には、悪縁が「去る」という意味があります。

【離別祭文】

この祭文のおおまかな意味は「正直にマジメに生きてきましたが、こんなヒドイ男と一緒では正しく生きられません。離別将軍様の力で別れさせてください」というもの。

呪い殺したいほどの復讐心

蠱毒

歴史

蠱道《こどう》、蠱術、巫蠱《ふこ》などとも呼ばれる蠱毒《こどく》。犬を使う犬神や、猫を利用した猫鬼、蛇を用いるトウビョウなどと並ぶ、生きものを使う残酷な呪いです。

古代中国で用いられていた蠱毒は、百種の虫や爬虫類などを集め、五月五日に一つの壺に入れて共食いをさせ、最後の生き残りを使って相手を呪い殺すというもの。生き残りの怨念を使うか、その生きものを相手に食べさせて呪います。毒を持つ生きものを飼育して共食いさせる説も伝わります。

用意するもの

◆あらゆる虫、ムカデ、トカゲ、カエル、ヘビ、クモなどの生きもの…たくさん

◆フタつきの壺（集めた生きものを閉じ込めるためのもの）

手順

1 壺の中にすべての生きものを入れ、フタをします。生きものの数が多いほど、呪力が強くなります。

2 共食いをさせて、一匹だけが残るまで待ちます。

3 **2**の共食いによって、最後の一匹となったところで、その生きものを使い、相手に呪いをかけます。

4 呪い方には、次の二つの方法があります。

①生きものを生きたまま使う

復讐の念を込めながら、竹筒などの容器にその生きものを閉じ込めます。それを呪いたい相手の家の玄関先に埋めたり、家に投げ入れたりして呪う方法です。

②生きものを殺めて使う

その生きものを殺し、それを材料に蠱毒の呪薬をつくり、相手に振りかけたり、食べさせたりして、復讐の呪いをかける方法です。

注意　呪いを果たせなかった場合は、呪いをかけた本人がその生きものたちに呪われてしまう恐れがある危険な呪いです。現代では、相手に蠱毒を食させたり、他人の敷地や家に呪物を隠すことは犯罪となりえます。

❖ **註釈**

【呪薬】　生きものを乾燥させ、すり鉢ですって粉状にしたもの。

復讐呪術

鬼となって恨みを晴らす

丑の刻参り

歴史

丑の刻、神社の御神木に藁人形を釘で打ちつける丑の刻参り。嫉妬深い公卿の娘・橋姫のエピソードが、『太平記』や『平家物語』の剣の巻などに伝えられています。

嫉妬にとらわれた娘が京の貴船《きふね》神社に詣で、「我を生きながら鬼神に成してたまえ」と、相手の女の呪殺を祈ったところ、明神の示現があったとのこと。五つに分けた髪を五本の角とし、顔に朱、体に丹《に》を塗り、鉄輪《かなわ》を逆さに被り、火をつけた松明《たいまつ》をくわえ、鬼になったのです。

用意するもの

◆藁人形……一体

◆白装束…一式
◆神鏡…一つ
◆五寸釘（呪術用のものを用意）…七本
◆鉄輪（五徳でもよい）
◆ロウソク…三本
◆櫛《くし》…一枚
◆高下駄《たかげた》（一枚歯か三枚歯）…一足
◆かなづち

手順

1 呪いたい相手の髪や爪を入れた藁人形を用意します。
2 全身を洗い清め、白装束を着て神鏡を身につけます。
3 鉄輪を逆さにして、火を灯した三本のロウソクをつけたら、それを頭に乗せ、口に櫛をくわえます。
4 高下駄を履き、藁人形、五寸釘、かなづちを持ち、丑の刻に神社に向かいます。

5 神社の御神木に藁人形を押し当て、心臓の場所に五寸釘を一本打ち込みながら、願いを込めます。藁人形は御神木に打ちつけたままにします。

6 2〜5の手順を、連日丑の刻に、七日間の日程で行ないます。最終日にすべての五寸釘を使い切ります。人に目撃されたり、一日でも行なえない日があったりすると、やり直しです。

7 文献によると「七日目終了後に黒い牛があらわれたら、それをまたいで家に戻る」と書かれています。

注意 神社に向かう途中や儀式中、誰にも姿を見られてはいけません。目撃されると、効力が失せるといわれています。

❖ 註釈

【丹】
辰砂ともいう、水銀の硫化鉱物。赤い顔料のこと。

【丑の刻】

午前一時～三時ごろ。丑の刻参りは午前一時にはじめるのがいいとされています。また、丑三《うしみ》つ参りと呼ばれることもあり、午前二時～二時三十分までの丑三つどきがふさわしいとする説も。

【神鏡】

神聖な鏡。

【五徳】

ガスコンロで鍋を火にかけるときに使う金属製の台。

招財呪術

仕事がうまくいきお金に困らない

生業繁栄法

歴史

飛鳥時代の天武天皇が行政機関の一つとして設置した陰陽寮《おんようりょう》。その後、平安時代の陰陽師・安倍晴明の活躍は多くの小説や漫画、映画の中でも描かれています。

天体観測による暦を作成し、占いで吉凶を知り、災いを避ける方術や呪詛などを行なっていた逸話が多く残されています。

古代中国の陰陽五行説がベースにある陰陽道は、易や道教などと結びつき、日本で独自の発展を遂げました。陰陽道に伝わる数ある呪術の中から、生業を繁栄させて豊かになる呪言《じゅごん》を紹介します。

用意するもの

◆特になし

手順

1 朝、起床したら、洗顔をして口をすすぎます。

2 朝日を拝《おが》みます。悪天候などで目視できない場合は、日の出の方向に向かい、昇る朝日をイメージします。

3 **2**の方向を向いたまま、

「金伯五金《きんはくごきん》の気を呼び、全家《ぜんけ》の軸《じく》となる。百幸千福《ひやっこうせんぷく》、甲《こう》（○○家《け》）の金箋《きんせん》に集まり、五方化徳《ごほうかとく》、大皓金神《だいこうこんじん》、願わくば兆家《こうけ》（○○家）に留まらんことを。奇一天心《きいってんしん》、奇増万全《きぞうばんぜん》」

と、八回唱えます。○○には名字（姓）が入ります。

4 **1**〜**3**を、天候にかかわらず毎朝行なうことで、金銭に困らなくなるでしょう。

注意 日の出から、日が昇りきるまでに行ないます。日の出時間は日々変化し、場所によっても異なります。その日の自分の居場所の日の出時間と方角を、事前に確認しておきましょう。

❖註釈

【陰陽寮】

陰陽寮は、明治三年に廃止となっています。

【五金】

錫《すず》／鉛《なまり》（青金）、銅（赤金）、金（黄金）、銀（白金）、鉄（黒金）を意味します。

【五方】

東、南、中央、西、北を意味します。

あらゆることに満たされる

秘密陀羅尼成就法

招財呪術

歴史

「摩醯首羅《まけいしゅら》大自在天王《だいじざいてんのう》神通化生《じんつうけしょう》　伎芸天女念誦法《ぎげいてんにょねんじゅほう》」という経典によると、摩醯首羅天（ヒンドゥー教のシヴァ神）の髪の生え際《ぎわ》から生まれたという伎芸天は、絶世の美貌の天女といわれています。

容姿端麗で技芸にも優れ、誰もがうらやむ要素をたくさん持つ神様です。技芸上達、財運向上、福徳円満などのご利益があり、多くの諸法が伝えられている万能の天女。そんな伎芸天に伝わる秘密陀羅尼成就法です。

用意するもの

◆祭壇（白い布をかけたテーブル）
◆供物（花、お菓子、果物など）…適宜

◆沈香……一つ

手順

1 新月の日に、部屋を清浄にし、水を浴びて身体を清めます。

2 部屋の東側に祭壇をつくり、花を飾り、供物を捧げます。

3 沈香を焚いたら、心を鎮め、祭壇の前で伎芸天の陀羅尼を一万回か十万回、唱えます。

「ノウマク・オンシマボシキャチビバラ・バチヤ・シカラジャロリン・チニヤ・タシバ・ジャチレイベイラマジャリニ・ウンハッタ・ソワカ」

行なう期間は十七日間か二十七日間です。

4 これを成し遂げれば、その後の生活の心配がなくなります。

注意 伎芸天の修法には、禁欲が求められます。秘密陀羅尼成就法を行なう期間は、肉食や飲酒をせず、肉欲を絶ち、行動を慎みます。性愛に関することは思ってもいけないとされています。

❖ 註釈

【沈香】

ジンチョウゲ科の常緑樹の樹液。

【唱える回数】

陀羅尼や真言、経文などをくり返し唱える修法は、あらゆる儀式や呪術で見受けられます。

年末の除夜の鐘とともに唱えられるお経を聞いているだけでも、心が落ち着いて清々《すがすが》しい気分になるように、くり返し唱えることで意識が変わっていくのです。一〇八回の除夜の鐘は、煩悩の数をあらわします。一〇八回は唱えたいところかもしれません。

万能呪術

災いを封じて悩みをなくす

永劫安泰人柱

歴史

城の建築や橋を架《か》けるときのような困難な工事を行なったり、権力者を埋葬したりする際に、人柱を立てていた時代がありました。

江戸時代中期に編纂された『和漢三才図会』には、飛鳥時代に長柄橋を架けるときに人柱を立てたことが記されています。人柱を立てて人間の魂を組み込むことで、永遠に残り続けると信じられていたのでしょう。人を生き埋めにしていた時代を経て誕生した呪術が、人の代わりに埴輪を埋める方法です。

用意するもの

◆人型埴輪（手づくりでも市販でも）…一体

◆五円玉…一枚　◆糸…必要に応じて

◆線香、またはお香…一つ

手順

1 流水で清めた五円玉を、埴輪の中に入れるか、糸でくくりつけます。

2 埴輪の横で線香かお香を焚きます。香りは問いません。

3 埴輪によってすべての災いが封じられ、未来永劫《えいごう》の安泰が訪れるように祈ります。

4 願望成就はもちろん、復讐したい思いを持つような災いも封じられる呪術です。

埴輪を家のどこかに埋めるか、人目のつかないところに安置します。

注意 埴輪は人の命の身代わりです。心を込めて埋めましょう。手づくりの埴輪なら、人柱としての力も強まるでしょう。

❖註釈

【人柱】

神道をはじめとする多神教では、神を一柱、二柱と数えます。この助数詞「柱《はしら》」を使って、多くの人を守るための犠牲となった人の魂を、神に近しい存在となったと考え、「人柱」と表現するといわれます。

【人型埴輪】

埴輪は人型だけではなく、壺型や武器をかたどったものもあります。

あらゆる願いを叶える

御嶽祈禱法

歴史

古くから人々の信仰の対象とされてきた、木曽御嶽山《おんたけさん》。長野県木曽郡と岐阜県下呂市との県境にまたがる御嶽山の開山は七世紀初頭。信濃国司《しなののこくし》が山頂に神社を建立し、後白河法皇が勅使を登山させたと伝わっています。

室町時代からは、修験道の行者による信仰登山がさかんになり、覚明、普寛、一心、一山などの行者が神法を修《しゅう》しました。残された多くの秘伝や秘法から、願望成就の呪術を紹介します。

用意するもの

◆清浄な水…適量
◆榊《さかき》の葉…七枚

◆清潔な布巾《ふきん》かタオル…一枚
◆筆記用具（墨、硯、筆など）
◆カップなど（榊の葉を一枚浮かべられる程度のもの）…一つ

手順

1 新月の日に全身を洗い清めたら、心を落ち着けます。

2 七枚の榊の葉を水で洗い、清潔な布巾かタオルでしっかり水を拭きとります。

3 **2**の葉の一枚ずつに、下の呪符を書きます。

4 **3**で書いた呪符の下に、七柱の神の符字七文字「魁」「𩲃」「𩴾」「䰢」「𩵇」「𩲸」「魒」を一枚につき一文字ずつ書きます（次ページ参照）。符字七文字は、北斗の名です。

5 まず「魁」を記した葉を手のひらに挟んで合掌《がっしょう》します。その手を額《ひたい》の前まで上げて、願いを念じながら、神歌「千早振《ちはやぶる》、御嶽乃《みたけの》山波《やまは》、遠久止《とおくと》

6 毛《も》、仰具《あおぐ》心仁《こころに》、神造《かみぞ》麻《ま》志《し》麻《ま》須《す》」を唱えます。

5 同様に、北斗の名の順に同じことを行ないます。七枚分の儀式が終わったら、その日の呪術は終了です。

7 翌日から七日間、北斗の名の順番に、念じた葉を一枚ずつカップに入れた清浄な水に浮かべ、水を飲み干していきます。

8 **7** までが終わったら、七枚の葉を枕の中に入れて眠ります。

注意 手順を間違えたら、やり直しです。願いが実現したら榊の葉を必ず神社でお焚き上げしてもらいましょう。

❖ **註釈**

【榊】

榊には「神を尊ぶ」という言葉がつけられたといわれています。先の尖《とが》った形状から、神が降りる依り代とされ、神棚に供えたり、神社の社頭に飾られたりするなど、神道の神事に欠かせない植物。あの世とこの世の境目を示す木とされ、「境木」が転じて「榊」になったという説もあります。

悪しきものを破断する

九字法

歴史

道教の古典『抱朴子《ほうぼくし》』に伝わる九字《くじ》。道士が入山の際に唱えるべき呪文として、「臨《りん》・兵《びょう》・闘《とう》・者《しゃ》・皆《かい》・陣《じん》・列《れつ》・前《ぜん》・行《ぎょう》」が記されています。

修法であり護身法の一つだった九字が、密教や修験道、陰陽道などに取り入れられて、悪しきものを破断する呪術となりました。護身にも調伏にも使えるオールマイティな方法です。「臨《りん》・兵《びょう》・闘《とう》・者《しゃ》・皆《かい》・陣《じん》・列《れつ》・在《ざい》・前《ぜん》」を唱えながら印を結ぶ方法と、刀印で宙《ちゅう》を切る刀印法があります。

ここでは刀印法を紹介します。

用意するもの

◆特になし

手順

1 左手を軽く握り、手の甲が外側になるようにして、腰の位置へ。これが刀印の鞘《さや》になります。

2 右手でグーをつくり、人差し指と中指をまっすぐに伸ばし胸の前へ。これが九字を切る刀印になります。

3 **1**の鞘に**2**の刀印をおさめ、呼吸を整え、精神統一をします。

4 自分の弱さや遠ざけたい相手を思い浮かべ、刀印を目の前に出します。

5 「臨《りん》」と唱えながら、刀印で横に切ります。

6 「兵《ぴょう》」と唱えながら、刀印で縦に切ります。

7 「闘《とう》」と唱えながら、刀印で横に切ります。

8 「者《しゃ》」と唱えながら、刀印で縦に切り……を、「皆《かい》」横、「陣《じん》」縦、「列《れつ》」横、「在《ざい》」縦、「前《ぜん》」横と、一字ずつ唱えて切るのをくり返します。

9 最後に、「エイ！」と唱えながら、刀印で前を突いてとどめを刺し、刀印を鞘におさめます。

10 九字法の効果で、事が終息したときや、そろそろこれで終わりにしようという際は、刀印を鞘におさめたポーズで、「オン・キリキャラ・ハラハラ・フタラン・バソツ・ソワカ」と、息つぎなしで三回唱え、最後に指を鳴らします。

注意 九字切りは強力な魔除けとなります。自らの不安や弱さを断ち切ったり、悪しきものを遠ざけたりすることもできますが、呪詛返しに使えば、相手は呪い以上の打撃を受け、倒れるといわれています。

❖註釈

【臨・兵・闘・者・皆・陣・列・在・前】

この九字は、「臨める兵、闘う者、皆、陣を配列して、前に在り」を意味し、一字一字が神仏の加護のある言葉で成り立っています。

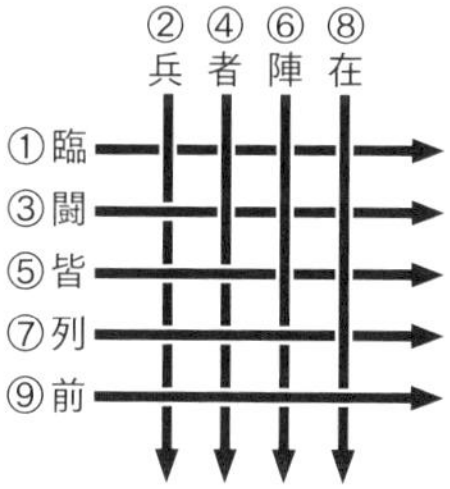

呪術返しの呪術

魂を浄化し、安定させる

▼▼▼

十種神宝布瑠之言

歴史

物部《もののべ》氏の祖といわれる饒速日命《にぎはやひのみこと》が、天津《あまつ》神《かみ》より授けられたものが、神法と十種の神《かん》宝《だから》（沖津鏡《おきつかがみ》、辺津鏡《へつかがみ》、八握剣《やつかのつるぎ》、生玉《いくたま》、足玉《たるたま》、死反玉《まかるかえしのたま》、道反玉《ちがえしのたま》、蛇比礼《おろちのひれ》、蜂比礼《はちのひれ》、品々物比礼《くさぐさのもののひれ》）です。

これらの力を呼び起こす教えが「布瑠之言《ふるのこと》」といわれています。物部氏について多く記された『先代旧事本紀《せんだいくじほんぎ》』も残されていますが、今も謎に包まれています。神から与えられた呪言「布瑠之言」を紹介します。

用意するもの

◆特になし

手順

1 口をすすぎ、窓を開けます。

2 「一二三《ひとふたみ》四《よ》五六《いつむ》七八《ななや》九十《ここのたり》　布瑠部《ふるべ》　由良由良止《ゆらゆらと》　布瑠部《ふるべ》」と、声に出してていねいに唱えます。

3 身体を振って、心の中にある不安や災いが、すべて落ちて消えていくイメージで、気持ちが落ち着くまで、布瑠之言を唱え続けます。落ち着いたときは、魂が安定したときです。

4 さらに布瑠之言を唱え、力がみなぎっていくことを感じます。終わったら、窓を閉めます。

注意　言霊の力が重要です。一字一句をていねいに発しましょう。他者からの呪いに限らず、自ら発する負のものが消えていきます。
自己浄化でまっさらになることで力がみなぎり、悪しきものをはね除ける力を得ることができます。

❖ 註釈

【比礼】

古代日本の女性が、両肩にかけていた布。

【布瑠之言】

「布瑠之言」を唱えれば、死者をも蘇らせるといわれています。「ひふみよいむなやこのたりふるべゆらゆらとふるべ」という読み方もあります。

現代版秘術

▼▼▼ 睡蓮の秘術

あきらめかけていた願いを叶える

歴史

ナイル川のエジプト睡蓮《すいれん》は一年を通じて咲いているそうです。泥土《でいど》の中から茎を伸ばして花を咲かせることから、古代エジプトの人々にとって、大地から昇る太陽のように見えたのかもしれません。

睡蓮の花は、日中開花し、太陽が沈むと閉じて、再び太陽が昇ると開花することを三度くり返すそうです。そのため睡蓮は、「再生」と「復活」を象徴する太陽のシンボルとして、神々や死者に捧げられていた花です。

用意するもの

◆小さめのフローティングキャンドル…願いごとの数、またはその三倍の数
◆フローティングキャンドルを浮かべる容器（キャンドルがすべて浮かぶサイズ）

◆点火用の火
◆睡蓮グッズ（必要に応じて）
※すべてお好みでそろえてください。
眺めて、気持ちが休まり、やる気になれることが大事です。

手順

1 ナイル川をつくる。
フローティングキャンドルを浮かべる容器に新しく水を入れたら、その前に座って目を閉じ、水がナイル川につながっているとイメージします。

2 願いごとをフローティングキャンドルに吹き込む。
一つのフローティングキャンドルを両手で包み、願いごとを三回、声に出して唱えます。終わったら次も同様に、願いごとが三つあるならそれについても三回ずつ唱えてください。

3 フローティングキャンドルを水に浮かべる。
あらためて願いを込めながら、フローティングキャンドルを一つずつ水に浮かべ、ナイル川に浮かぶ睡蓮に見立てます。

4 睡蓮を開花させる。

フローティングキャンドルに着火します。すべてに火を灯《とも》したら、願いごとを叶えるための力がみなぎることを信じて、「○○する睡蓮」「○○になる睡蓮」などと、それぞれの願いを込めたフローティングキャンドルに呼びかけましょう。

5 睡蓮を閉じる。

キャンドルを三分以上燃やします。燃え尽きるまで燃やし切ってもかまいません（三日間同じキャンドルを使う場合は最後まで燃やさず取っておきます）。

終わったらナイル川に見立てた容器の水は流して空《から》にします。

1～**5**を三日間同様に行ないます。

6 秘術最終日。

三日目も**1**から始めて睡蓮を咲かせたら、いよいよ最終段階。咲き終わった睡蓮（フローティングキャンドルの燃え残り）をまとめてナイルの水に沈め、浮かんだところで取り出して、「睡蓮の力、我に宿る」と三回唱えて終わります。

注意 願いごとがあまりに多すぎると祈りが分散してしまうので、多くても三つまでに厳選しましょう。

❖ 註釈

【フローティングキャンドルの数】

一つのフローティングキャンドルを三日間使用してかまいませんが、燃え残りになると芯がキャンドルに埋まり着火しにくいことがあります。願いごとの数の三倍の数量を用意するのは、このように着火できないときのためです。

【願い方】

願いごとは「○○したい」「○○が欲しい」「○○になりたい」という〝希望〟の表現ではなく、「○○する」「○○を手に入れる（つくる）」「○○になる」という、〝断定〟の表現にしたほうが効果は高くなります。

現代版秘術
音の秘術

嫌なことから解放され、心が整う

歴史

昔から自然の音を嗜《たしな》む日本人。自然と調和しながら音を奏《かな》でるアイテムがつくられ、今日《こんにち》まで伝わっています。江戸から伝わる鹿威《ししおど》しや水琴窟《すいきんくつ》、さらには平安時代からつくられていたという風鈴なども、風情豊かな音色で人々の心を癒やしてきました。音と空間が一つになって、そこにいる人を包み込むのです

用意するもの

◆波や水のせせらぎ・倍音などの音（音源）、または音叉《おんさ》（528Hz）

手順

1 リラックスできるゆったりとした服に着替えます。一人で過ごせる静かな部屋で

行ないます。どうしてもほかの音が聞こえてしまう環境の場合は、なるべく静かな時間帯を選ぶようにしましょう。

2 椅子やソファ、ベッドなどに座り、目を閉じて、「音」と呼吸に集中します。

◆音源の場合

「音」を聴きながら、嫌なことが薄れて消えていくことをイメージします。呼吸を徐々に深め、ゆっくりしたリズムに整えましょう。ゆっくりお腹いっぱいに鼻から息を吸ったら、さらにゆっくりとすべてを吐き切ります。吐くときは鼻からでも口からでもかまいません。

◆音叉の場合

音叉を手に持ち、目を閉じて呼吸を深めていきます。ゆっくりお腹いっぱいに鼻から息を吸ったら、さらにゆっくりとすべてを吐き切りましょう。吐くときは鼻からでも口からでもかまいません。呼吸のリズムが整ったところで音叉を叩いたらそれを耳のそばに寄せ、振動の音を聴きます。

音叉の音が消えてなくなるまで、「音」に集中してください。消えゆく音と一緒に、嫌なことが消えていくことをイメージします。これを数回くり返してもいいでしょう。

※「音」が聞こえにくい場合は、耳に音叉の柄《え》を当てると聞こえやすくなります。

心が落ち着く音は、自らに響いて調和する協和音といえるでしょう。

協和音で自分をチューニングしたら、不協和なもの（ストレスを感じる対象、たとえば不快なもの、人、音や肌に合わないものなど）と距離を置き、影響を受けないように意識して過ごしましょう。チューニングを行ないながら、流されない自分をキープするのが習慣になれば、もっとラクに生きられるようになります。

註釈

【倍音】振動数が最も少ない基音に対し、整倍数または非整倍数の周波数を持つ音の成分。何かの音を鳴らしたら自然に発生する音のハーモニーのことです。一つの音の響きに複数の音が重なり合って生まれます。

自分の魅力を高める

鏡の秘術

歴史

直接見ることのできない自身の姿を映す鏡。私たちにとっては日常の道具ですが、その歴史は古いものです。また、鏡は皇位とともに歴代天皇に伝わる三種の神器（「八咫鏡《やたのかがみ》」「八尺瓊勾玉《やさかにのまがたま》」「草薙剣《くさなぎのつるぎ》」）の一つでもあり、特別なものと考えられています。

魔除けとなるだけでなく、悪しきものを映し出してその正体を見破ったり、合わせ鏡にすると、霊の通り道（別の世界に通じる出入口）になったりするともいわれています。

用意するもの

◆顔全体を映せる大きさの長方形か正方形の鏡（15㎝×10㎝前後）
◆鏡のサイズに合わせた厚紙かフェルト

◆ペン、カッターやハサミ、ビニールテープなど（必要に応じて）

下準備

鏡のカバーをつくります。

厚紙やフェルトを、できるだけ大きな円を描くように丸く（まん丸でも楕円でも可）くり抜いて、それを鏡に被せられるようにしておきます。

手順

1 秘術で使う鏡と、家にある鏡のすべてを磨いて、ピカピカにします。

2 メイクを落とし、顔を洗います。

3 背後に何もなく、壁だけがある場所に背を向けて鏡（カバーは付けない）を手に持つか、机の上に置き、その鏡に顔全体を映します。

4 鏡の中にリアルなもうひとりの自分がいて、その自分と対面しているとイメージして、客観的に自分の顔を観察します。シワやシミ、目や口の左右差、肌荒れなどを見ながら、自分自身を振り返ります。

5 眉毛（眉は自らの意思を意味する）を整え、肌のケアをしたあと再び鏡に向かい、瞳を見つめます。嘘をついていないかどうか、信用できる人物かどうかなど、他人として自分を見つめ、評価できることとできないことをシビアに探します。

6 鏡に向かったまま目を閉じ、ゆっくりと呼吸を三回くり返し、自分のよくないところが鏡の中に吸収されて消滅していくのをイメージします。

7 イメージができたら目を開けて、鏡にカバーを被せます（テープなどで固定）。

8 カバーのくり抜かれた丸い部分に映る自分を見ながら、実際の自分も角《かど》が取れ、周囲と調和し、どんどん輝きを増していくのをイメージします。

9 「大丈夫。うまくいく」と声に出して唱え、鏡に自信にあふれた笑顔を映して終了です。鏡はその後、何も映らないように伏せてしまっておきます。

この秘術は毎日行なってもいいですし、週に一回などと決めて行なうのもいいでしょう。鏡に映る自分の目の輝きが曇っていたり、目つきが悪いと感じたりしたら浄化のお香を焚いたり、粗塩を入れた湯船に浸かったりしてクリアな自分を取り戻してください。

普段の自分の考えや行動を振り返ってやましいことがあるなら、それをあらためることも有効です。

私たちは日々鏡に映る自身を見ていますが、本当に鏡の中の自分に向き合えているでしょうか。そのときの心のあり方でも、見るポイントが変わり、新しい気づきがあるでしょう。外見よりも、奥深いところを見つめることが大切です。単に身だしなみを確認するために鏡を見るのでなく、自身の内面をしっかり見つめます。後悔なく行動することを意識すること。そうすることで、もっといい生き方ができるようになり、幸せが増えていくでしょう。

❖註釈……………………………………………………

【浄化のお香】

フランキンセンスやホワイトセージなど。

現代版秘術

紐の秘術

つなぎたい縁を結び、絆を深める

歴史

物を束ねたりつないだりする紐は、古くから「結合」や「絆《きずな》」をあらわすものとされてきました。「約束を結ぶ」ことにも意味づけられ、物をつなげたり、つなぎとめたりする役割も果たします。

日本には、糸で紐を編み上げる組紐《くみひも》が伝統工芸としてあり、海外からも注目を集めています。祝儀袋や鏡餅などに用いられる水引《みずひき》や、お守り袋の紐の飾り結びなど見た目の美しい紐が数多くあります。

実は紐には結び方にも意味が込められています。物を束ねたりつないだり、袋の口が開かないようにとめたりするだけにとどまらない不思議な力があるのです。

ここでは、ポピュラーな「あわじ結び」を紹介します。わかりにくい場合は、インターネット上に動画もたくさんあるので探してみてください。

用意するもの

◆紐（百円ショップのものでもOK。太めのものを。色はお好みで。長さは結び目をつくるだけなら40㎝未満、チョーカーなどにするなら60㎝を目安に）
◆ストラップやネックレス用の金具、テープなど（必要に応じて）

手順

①

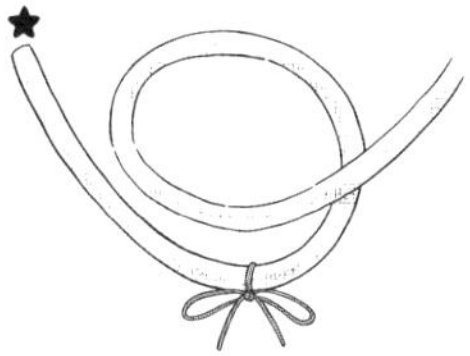

②

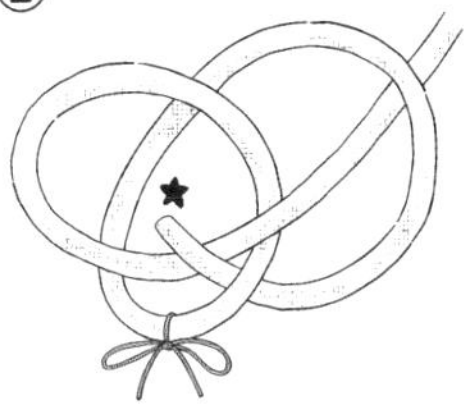

③

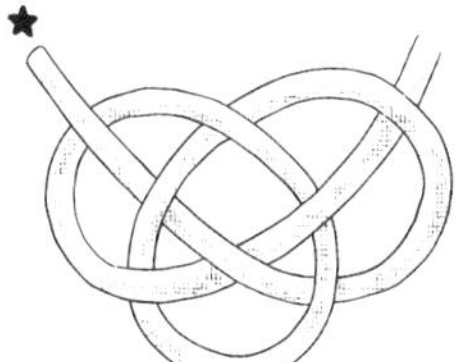

1　中心点を見失わないように、①のように紐の中心に糸を結びます。
※最後にほどいてはずすので、固結びにしないようにしてください。
2　★の側の紐を前のページの図に従って通してあわじ結びにします。
3　1で結んだ糸をはずしたら、それぞれの輪が同じくらいになるように整えれば、
あわじ結びの完成です。


紐の余っている部分を結んで金具を付け、チョーカーやペンダント、ブレスレットなどにしたり、余分な紐をカットしてストラップにしたりするのもいいでしょう。

また、大切な人への手紙の封筒の飾りにしたり、プレゼントのラッピングに使ったりすると、絆を深められます。

紐を結ぶ作業には、心を落ち着かせる効果があるので、穏やかな自分になりたいときにもおすすめです。

現代版秘術
▼▼▼ 風鈴の秘術

悪しきものを遠ざけ幸運を招く

歴史

夏の風物詩の一つである風鈴。色や形だけでなく、ガラス、陶器、金属などと材質もさまざまで、個々に奏でる音色が異なるところも魅力です。

風鈴の音には魔除けの力があるとされていますが、そのルーツは、神社やお寺の四方の軒下《のきした》に見られる青銅製の「風鐸《ふうたく》」にあります。

強風によって運ばれてくる悪しきものを音で祓い、災いを防ぐもので、風鐸の音が聞こえるところには災害が起きないと考えられていました。平安・鎌倉時代の貴族の屋敷では、軒先に風鈴を飾って疫病神を除けていたそうです。

用意するもの

◆風鈴…一つ

◆短冊《たんざく》（風鈴の下に提《さ》げるもの）…一枚
◆筆ペン…一本　◆氷入りの飲み物…一杯
※すべてお好みでそろえてください。
眺めて、聞いて、気持ちが休まり、やる気になれることが大事です。

手順

1 風鈴を飾る場所を決めます。
窓辺が好ましいですが、ドア付近でもいいでしょう。本来は外に吊《つ》るすものですが、落下して人にケガを負わせる心配がある場合は室内に飾りましょう。

2 短冊に筆ペンで、蜘蛛《くも》の巣と蜘蛛の絵を描きます。

3 風鈴に、**2**の短冊をつけ、**1**で決めた場所に飾ります。
窓があれば自然の風で、なければエアコンや扇風機の風で風鈴を鳴らしましょう。風の当たらない場所であれば、手で揺らして鳴らしてかまいません。

4 氷入りの飲み物を風鈴の蜘蛛に供え、風鈴の音に耳をすませながら、次のことを行ないます。

暑さや困難に負けそうなときは、いつでもこれを行なってください。

【目を閉じて風鈴の音を五回聞く↓目を開けて飲み物を一口飲む↓目を閉じて「ななや」と声に出して唱え↓目を閉じて風鈴の音を一回聞く↓目を開けて飲み物を飲み干す】

※飲み物を飲むとき、呪文を唱えるときの風鈴の音はカウントしません。

❖註釈

【蜘蛛】

蜘蛛はお釈迦様の使いで、救いに導いてくれる存在です。自分で糸を紡いで巣（網）をつくり、獲物を手にする蜘蛛は幸運や夢をつかむ象徴。短冊に蜘蛛の巣を描くことで糸を張り、蜘蛛が悪しきものの番人となり、あなたを守ってくれます。

【「ななや」】

手順4は「十種神宝布瑠之言」（140ページ）の一連の流れになっています。目を閉じて「一二《ひとふた》三四五《みよいつ》」と、風鈴の音を五回聞き、「六《む》」で飲み物を飲み、「七八《ななや》」と唱え、「九《ここの》」で風鈴の音を一回聞き、「十《たり》」で飲み物を飲み干し、最後に「布瑠部由良由良止布瑠部《ふるべゆらゆらとふるべ》」で短冊が揺れて、完了します。

現代版秘術 パワスポの秘術

全身を浄化し、よい気で満たす

パワーチャージの方法

1 パワースポットを訪れます。

2 利己を追求する方向に意識を向けず、漠然とよきエネルギーを受けて元気になっていく自分をイメージします。

そのとき、何かをお願いするのはやめましょう。自分をクリアな状態に戻し、曇りのない瞳を取り戻して、元気になるための浄化と充足が目的です。

恋人が欲しい。モテたい。出世したい。お金を儲けたい……などと、利己的な願望に意識を向けると、よこしまなエネルギーが湧き出すかもしれません。植物が水を吸って元気を取り戻すように、心身が健《すこ》やかになり、本来の強さを取り戻すことをイメージしながら、パワースポットの空間に身を置きましょう。

注意 パワースポットでも人がたくさん集まる場所は避けましょう。なぜなら、そのような場所はさまざまな人の欲望が渦巻きやすく、純粋なパワーチャージを行なえないからです。できるだけ人に知られていないパワースポットを探すか、人の少ないタイミングを見計らって訪れるなど、自分のエネルギーに静かに向き合える環境を整えるのが望ましいでしょう。

どこにでもあるパワースポット

特別な場所をイメージしがちですが、自然があり、そこにいるとくつろげて、気持ちが落ち着くならば、そこはあなたのパワースポットになり得ます。

一方、パワースポットといわれる特別な場に行っても、その人の心のあり方やそのときの環境や条件次第ではパワーを得られないこともあります。自分の心が大事です。

◆日々動物たちがくつろいでいる場所

ペットや野良猫たちには、お気に入りの場所があります。いつも日向《ひなた》ぼっこをしている場所は、かなりの確率でパワースポットとしての力が強いでしょう。

自宅や自宅の近所、通勤通学途中の道などにもパワースポットがあります。ピンポイントの小さいエリアは、一歩ずれただけで効果が変わるかもしれません。

◆海中（海上、海面も場合によってあり）

天然の塩水があふれる海には、どんな闇をも飲み込んでリセットする力があります。海中に潜ったり、沖に出たりすると、壮大に広がる海のパワーを感じずにはいられません。

己の存在の小ささを知り、海に生きるほかの生きものたちと何ら変わりのない自分を実感するでしょう。ちっぽけな命で生きていることを痛感しながら、それでも生きられる喜びに目覚め、「これからも生きていける」と全身で納得できるようになります。自然への感謝の気持ちが満ちたとき、パワーチャージが完了します。

◆山や森の中、山道の途中にある祠

山を登っていると、突然少し開けた場所があり、まっすぐ視線を遠方に向けると何かが見えたり、祠《ほこら》のようなものに遭遇したりすることがあります。

何が祀られているかわからないときはお参りしませんが、自分に合っている空気を感じたときは、ごあいさつをして、感謝の気持ちを捧げます。白い花の香りがしてきたり、そこにたどり着くまでの道のりで、蝶が道先案内をするようにあらわれたりしたら、霊的なお導きかもしれません。

金運を高める

トイレの秘術

お金とは

お金とは、何でしょうか？

硬貨や紙幣そのものだけでなく、電子マネーや暗号資産などの実体のないお金もあります。それらは、何かを交換（流通）する際の媒介物となるものです。

お金さえあれば何でも手に入り、何でも可能になると考えて「お金そのもの」を求める人も多いでしょう。

しかし、お金は何らかの行動を起こす対価として得られるものです。

一番多いのは仕事の報酬として得られるお金でしょう。お金は実りの象徴であり、豊かさや喜びに結びつきます。自他ともに喜ばせることのできるお金は、そこに愛を生むでしょう。そのように考えると、お金と愛は同じものといえます。

喜びと豊かさを生むお金と愛を同じものと考えると、喜びや優しさで動くお金の使い方が正しいものになります。
そのために欠かせない三つのポイントを紹介します。

◆お金を大切にする

お金を大切にすれば、自然と買うものを厳選し、納得したものしか買わなくなります。また、得たもので満足できるようになるでしょう。

◆お金を気持ちよく使う

お金を支払う際に、「お金が減ってしまう」「払えばいいんだろ？」などというような負の感情を持たず、得たものやサービスに対する喜びに気持ちを向けましょう。

何かを得ておきながらお金を出し惜しみするのは、不満というネガティブな空気を生み出します。

◆お金が出入りするときに感謝する

お金が出ていくときと入ってくるときに、感謝の気持ちを持ちましょう。お金が出るのは何かを得たからで、お金が入るのは自分が何かをしたからです。

どちらもありがたいことで、この流れがあるからこそ、お金がめぐってくることを覚えておきましょう。

お金は滞《とどこお》らせることなく、人から人へと循環していくことがよいお金の使い方といえます。お金の流れをスムーズにし、循環を促すのに効果的な秘術が、実はトイレ掃除です。

私たちの命も食べたものを出すという循環から成り立っていますが、その意味でトイレは、お金だけでなく人生の滞りをスムーズにする鍵を握る場所ともいえるでしょう。

用意するもの

◆掃除用具
◆好きな香りのお香

手順

1 ドアノブとトイレットペーパーホルダーを拭く。
2 便器のフタと便座を拭く。
3 トイレタンク、便器の外側を拭く。
4 便器の内側をブラシで洗う。
5 床を拭く。
6 仕上げにお香を焚く。

以上を毎日行ないます。

忙しい人でも、便器のフタと便座を拭くのは用を足すついでにできるでしょう。

これに加えて、月に一度はトイレの換気口の掃除をし、壁を拭くようにしましょう。意識して続けるうちに、お金のめぐりがよくなっているのを感じられるようになるでしょう。お香を焚く際は、火の扱いに注意してください。

また、余力があるなら、キッチン、洗面所、バスルームなどの排水溝や玄関の掃除も行ないましょう。

掃除により穢れがなくなり、ピュアな気の流れが生じやすくなります。玄関がきれいになれば、よきニュースや喜びを招き入れられるようになるでしょう。大事な予定が入っている日や「ここ一番の勝負日」という日は、前日に玄関掃除をしておけば、よい結果を招けるかもしれません。

4章

呪符――あなたを守り、願いを叶える力が宿る

呪符の作法――効果を高める約束事

「呪符」は、護符、霊符などと呼ばれることもあります。災いを除けるお守りとしたり、願いの成就を祈願したりします。

叶えたい未来を具体的にイメージしながら書くことで神秘の力が宿ります。

呪符を書く、持つということも呪術です。呪符を書くことも、持つことも、人に知られてはいけません。持ち歩く場合も、呪符を見られないように工夫してください。

用意するもの

墨、硯、水、紙を用意します。新品をそろえることが原則です。

道具の価格帯は幅広いですが、できるだけ高価なものを用いることが望ましいとされています。とはいえ、使いこなせなくては意味がないので、今の自分が扱ううえで、書きやすいと思うもので、新品を選ぶといいでしょう。

◆筆

筆の太さは呪符によります。黒と朱の二色を使うときは、それぞれ筆が必要です。

◆墨と硯

呪符によって、黒だけで記すものと、黒と朱の二色を使うものがあります。その場合、硯も二つ必要です。

呪符を書く墨には、最も古い製造方法でつくられる「松煙墨《しょうえんぼく》」がいいとされています。硯は、石の目が細かいものを選ぶといいでしょう。

◆水

墨をするときの水は、呪術に特記がない限り、飲み水として問題のない水を使います。水道水を用いるときは、日の出前の早朝に汲み置きしましょう。

◆紙

生漉《きすき》和紙か、半紙を使います。特記があるものは、それに従ってください。

呪符の書き方

呪符は、神聖なものです。心身を清浄にし、誠意をもって書写してください。そのためには事前の準備が欠かせません。準備が整っていないと、呪符の効果が弱くなったり、逆効果を招いたりする可能性もあります。

◆呪符を書く日と時間

六十干支の吉日を選びます。壬子、壬寅、癸酉、癸卯、丙午、丙辰、丁酉、戊子、戊辰、戊申、戊午が吉日とされています。市販の六十干支カレンダーを活用のこと。時間は、午前二時～三時半が最適ですが、日の出前の時間帯でいいでしょう。日付や時間が指定されているものは、それに従います。

◆事前準備

基本は一週間前から（最低でも一日前、または三日前から）、次の三つを行ない、日々、身体を清め、おろしたての清潔な衣服を身につけます。重要な呪符を書写する際は、二十一日前から心身を清めなくてはいけないとされています。

1）ニラやネギ、ニンニクなどのにおいのきつい食べものや香辛料、肉食（魚も含む）を断ちます。

2）毎日、お風呂でていねいに身体を洗い、水を浴びて全身を清めていきます。塩を入れた湯船に浸かるのもいいでしょう。

3）人の悪口や嘘は言わず、不正を行なわず、「よくないこと」とされる、すべてのタブーや不浄の場所を避けて、善行を心がけましょう。

◆書写の場を清める

部屋を掃除し、整理整頓します。大掃除をするように、拭き掃除まで念入りに行ないましょう。しっかり換気もしてください。

◆心を鎮める

白檀《びゃくだん》、沈香、安息香のいずれかを焚きます。目を閉じて、香の香りで心を落ち着けて、呪符を書きはじめましょう。

◆心を込めて正しく書写する

ほんの少しでも誤った書き方をしていると、効果があらわれません。正確に書くことをめざしましょう。

至誠《しせい》天に通ず。呪符を疑わず、心を込めて誠実な気持ちで書きましょう。

◆呪符の大きさ

どのように使用するかで変わってきます。貼っておくものなら大きめ、身につけたり持ち歩いたりするなら、小さめのサイズが扱いやすいでしょう。

◆呪符の開眼

書いた呪符を写真に撮ったり、スキャンしたりして複製した場合は、その呪符の開眼が必要です。呪符を使う前に、開眼の儀式を行ないましょう。

手を洗い、口をすすぎ、合掌した手に呪符（スマホなどの端末）を挟みます。手を眼前に掲げたら、「天地の正気《せいき》を受けて、福寿《ふくじゅ》海無量《かいむりょう》」と唱え、呪符に意識を合わせましょう。これで十分と思えるまで、くり返し唱えてください。

呪符の扱い方

呪符は神聖なものです。大切に扱いましょう。

◆穢れを避ける

持ち歩くときは、呪符を紙に包んだり、封筒に入れるなどして、汚れたり、破れたりしないようにします。折ってもかまいません。「清め包み」という包み方もあります。穢れを避けるために、新品の和紙を使って包みましょう。屋内に貼る場合も、紙に包み、目線よりも高い位置に貼って、敬《うやま》う気持ちを持ち続けましょう。

◆人に見せない

呪符を人に見せたり、呪符を使っていることを他言したりしてはいけません。効果を失うばかりか、よくない副作用が生じる恐れがあります。

◆スマートフォンなどで使用する場合

持ち歩くことの多いスマートフォンに呪符を取り込むと、携帯しやすくとても便利です。待ち受けの画面にするのも一つの案ですが、人に見られてはいけないことに変わりはありません。工夫が必要です。

◆呪符の処分

呪符の効果があらわれ、願いが実現したとき／汚れたり破れたりしたとき／書写で失敗したとき／不要になったときに処分します。

処分の仕方は燃やして灰になったものを、水道水を流しながらそれとともに流すか、庭先やベランダにまきます。または、神社のお焚き上げに持参しましょう。

次のページから、呪符を紹介します。呪符の作法に従って使用してください。

大いなる願いを叶える

大《たい》願《がん》成《じょう》就《じゅ》符《ふ》

呪符のあいているところに、氏名・生年月日・願いの内容を、できるだけ詳しく朱墨で書きます。願いごとは、呪符一枚につき一つです。

うれしい縁を引き寄せる

良《りょう》縁《えん》符《ふ》

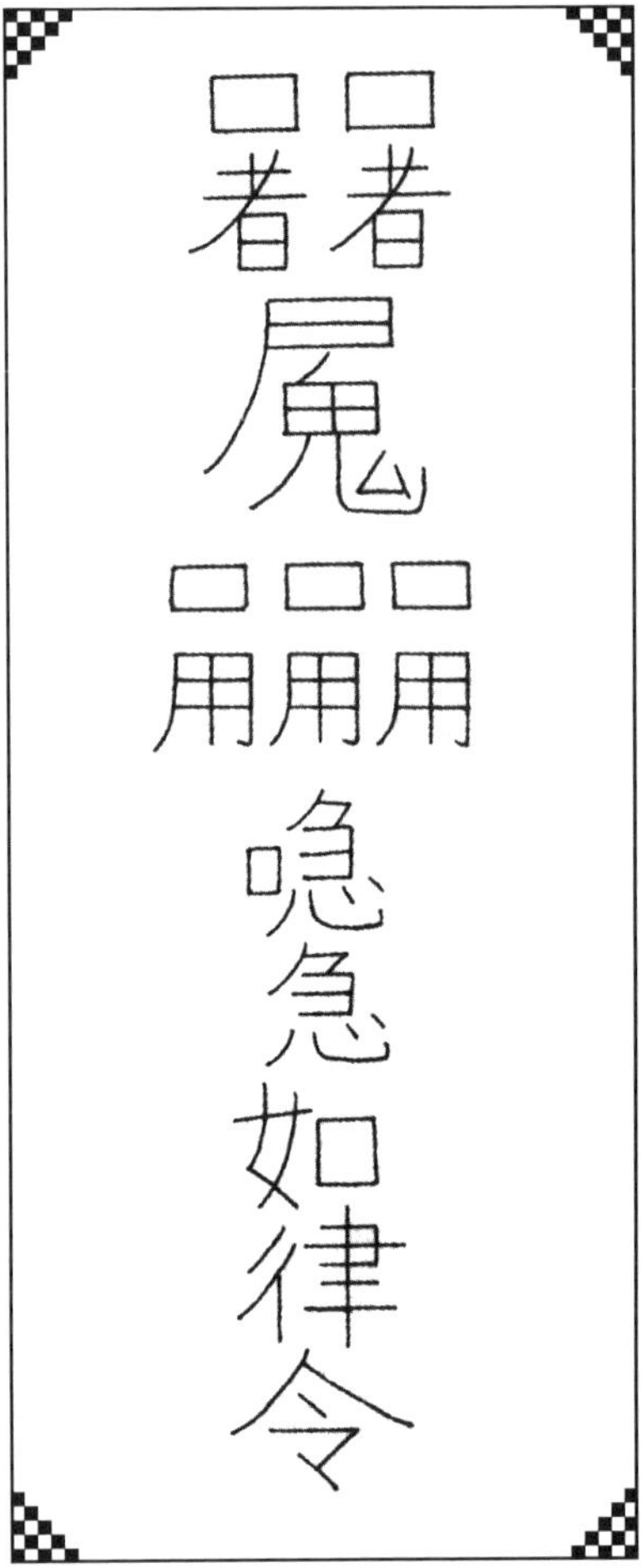

恋愛や結婚はもちろん、いい人間関係を引き寄せる呪符。特に、女性が使用すると、効果が高いといわれています。

地震など、あらゆる災厄を祓う

禳《じょう》災《さい》厄《やく》符《ふ》

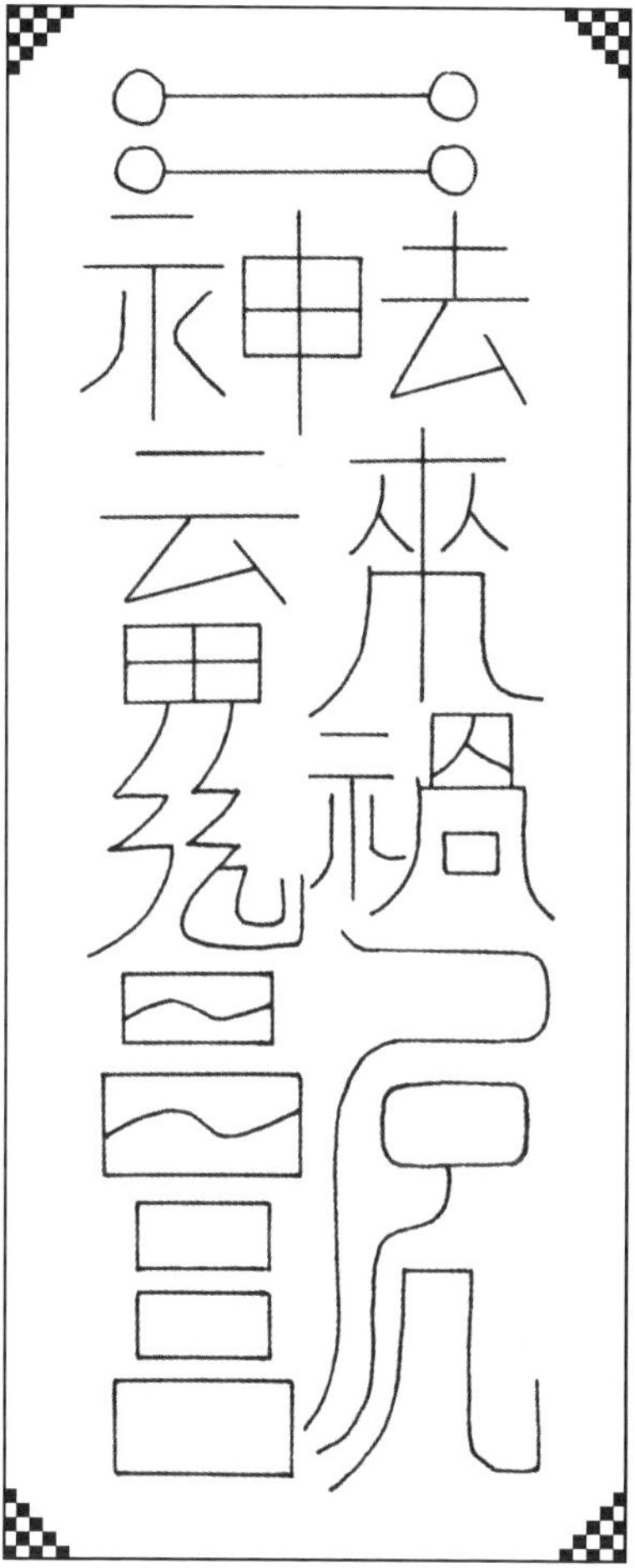

地震や風水害、山火事などの天災をはじめ、あらゆる災厄を祓うとされる、人知を超えた魔除けの呪符。「禳」は災いを祓うという意味です。

日常のトラブル回避に効果的

諸《しょ》難《なん》除《じょ》符《ふ》

自分に降りかかってくるすべての災難を避け、取り除くとされる呪符。特に、日常的に起こりうる、大小のトラブル回避に効果があるといわれます。

虫や蛇を遠ざける

解《かい》虵《だ》章《しょう》

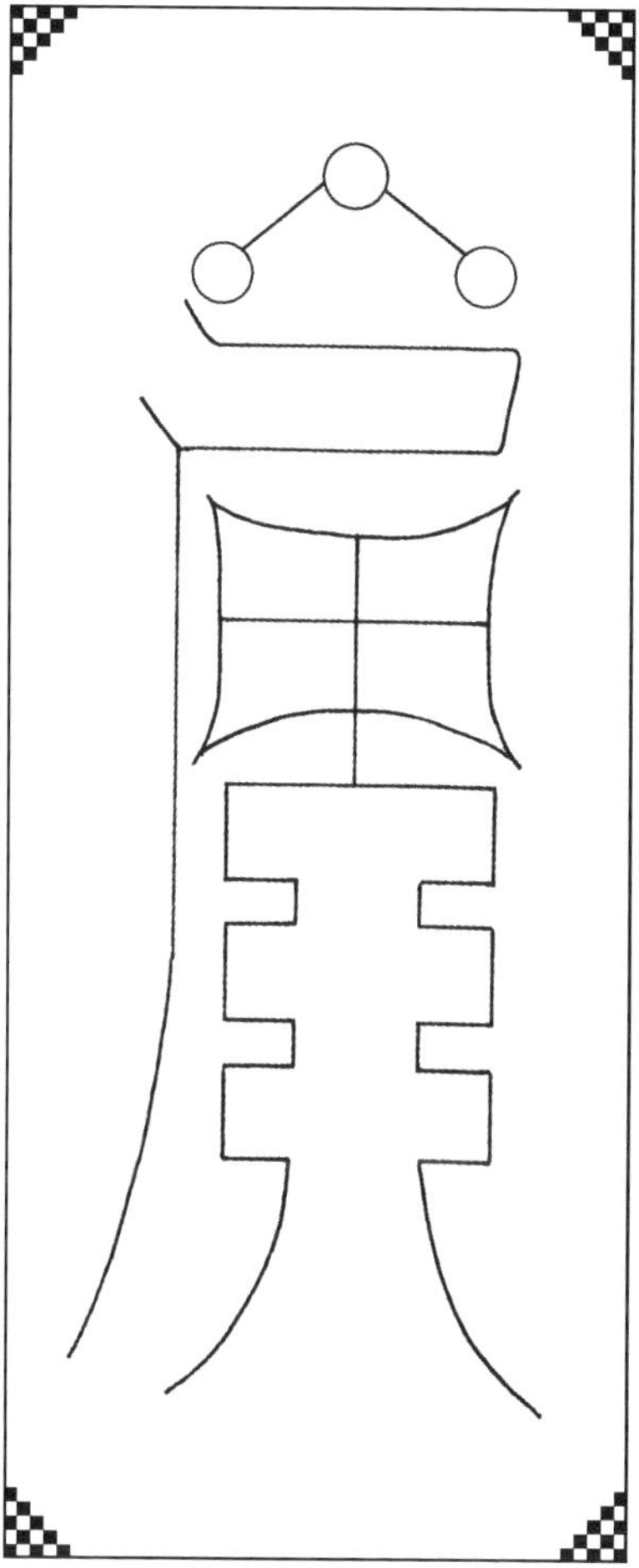

「虵」は蛇を指しますが、蛇だけでなく虫類も遠ざける効果のある呪符。ゴキブリ除けに台所に貼ったり、シロアリや蜂対策で床下や軒下に貼ったりしてください。

好かれる顔になる

顔《がん》相《そう》秘《ひ》法《ほう》呪《じゅ》符《ふ》

美醜ではなく、顔の印象をよくするという呪符。人から好かれ、運命が好転します。呪符の紙で顔を覆い、「オン・ジャナ・ソワカ」を、八一回唱えます。

頭痛をなくす

頭《ず》痛《つう》不《ふ》眠《みん》除《じょ》呪《じゅ》符《ふ》

頭痛、不眠症、冷え性を治す呪符。呪符を身につけて眠ります。呪符使用中は、毎日少量でいいので、梅干しを食べること。梅には魔除けの作用があります。

一二〇歳まで生きる

寿《じゅ》命《みよう》延《えん》長《ちよう》の御《ご》秘《ひ》符《ふ》

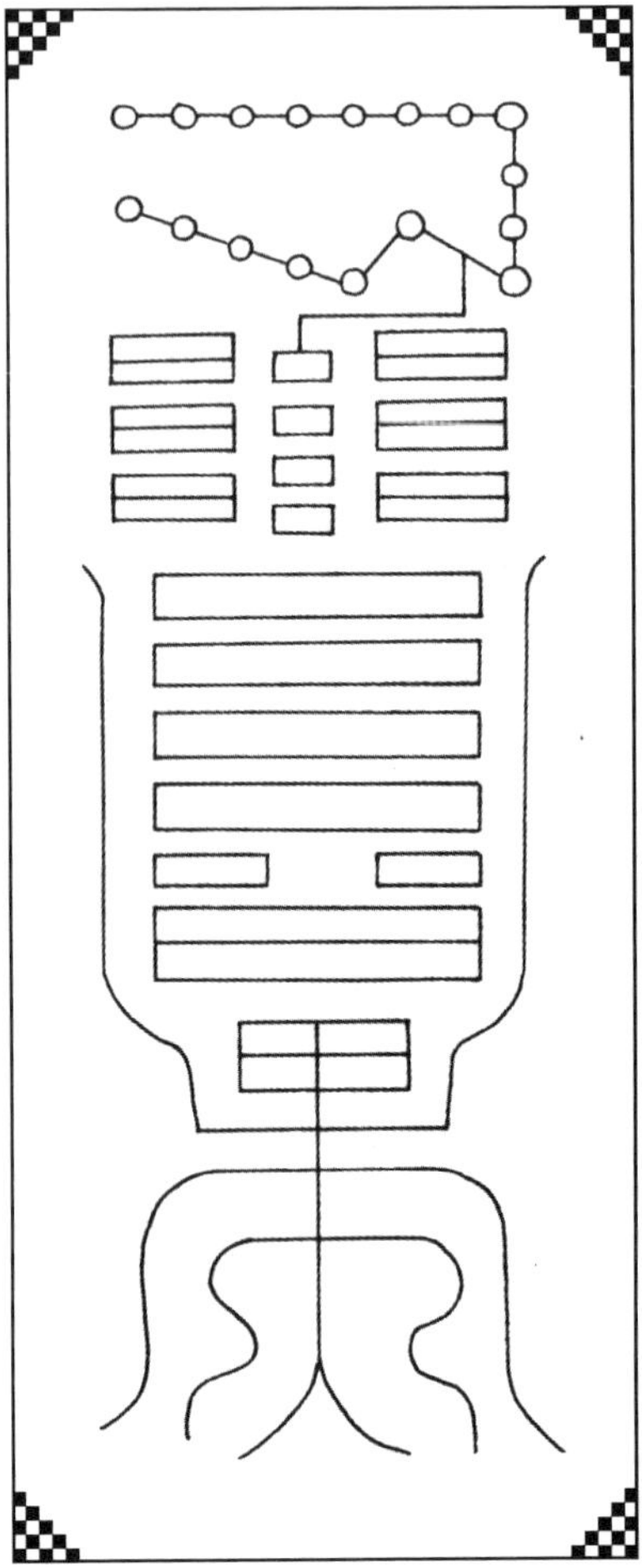

肉体的に人間が生存できる限界といわれる、一二〇歳まで寿命を延ばすことができるという呪符。家の繁栄にも効果があります。

望み通りのお金が入る

招財獲福秘密御秘符《しょうざいかくふくひみつのごひふ》

呪符のあいているところに、手に入れたい金額を書けば望み通りの金額を手にすることができるという、秘密の呪符。黄色い紙に朱墨で書きます。

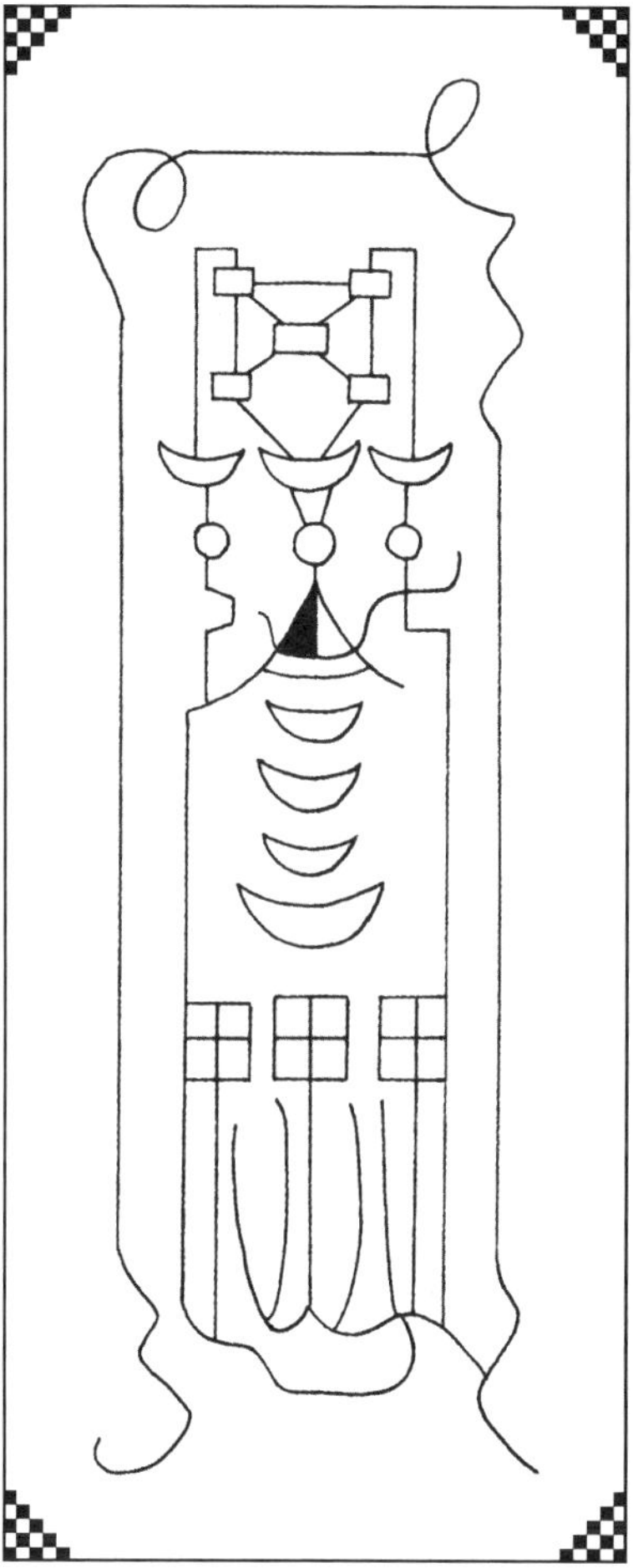

ギャンブル運、くじ運に効く！

賭《かけ》事《ごと》必《ひつ》勝《しょう》御《ご》秘《ひ》符《ふ》

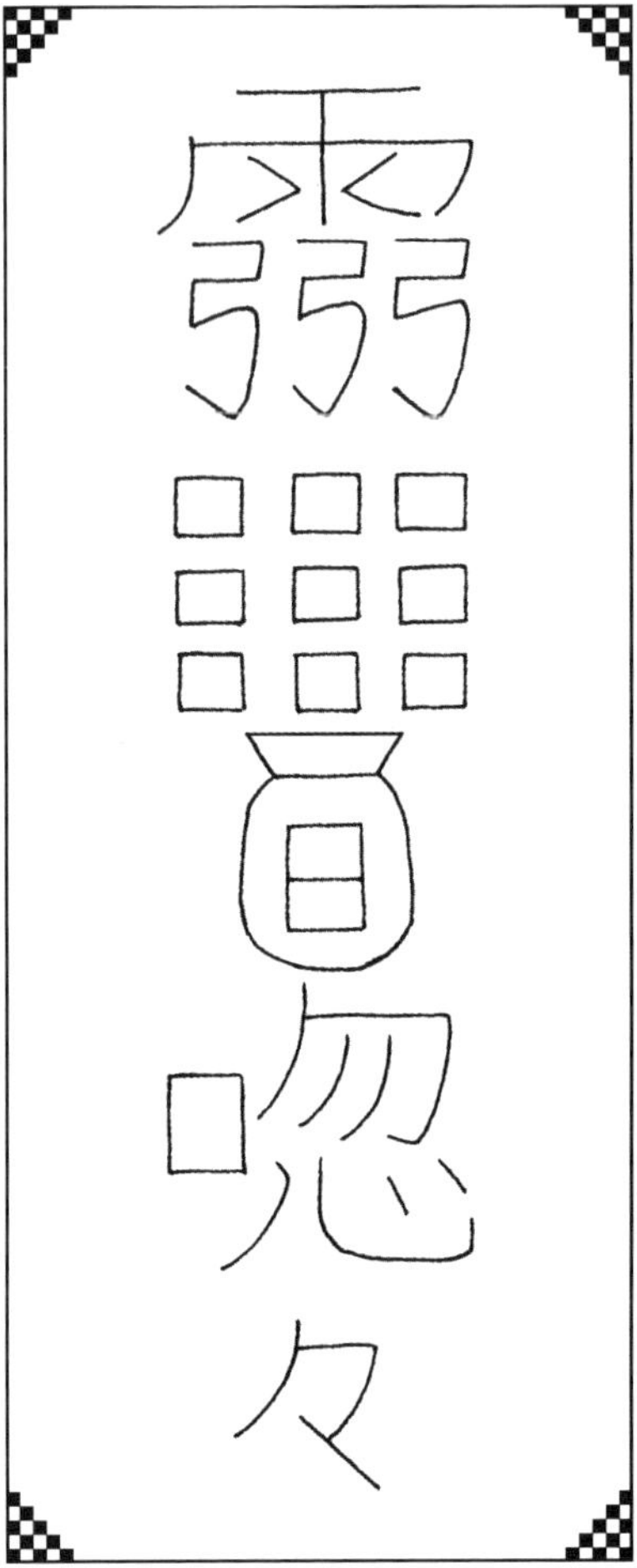

競馬、競輪、競艇などの公営ギャンブルや、バクチ要素のあるビジネスにも必勝するという呪符。宝くじにも効果あり。券を買うときには必ず携帯のこと。

かけられた呪いを返す

呪詛《じゅそ》返《がえしの》呪符《じゅふ》

誰かに呪詛されているとき、この呪符を水に浸し、その水を飲み干すことで、呪詛に負けず、さらに相手にその呪いを返すことができます。

霊験あらたかな万能の呪符

五《ご》岳《がく》真《しん》形《ぎょうず》図

大変に霊験あらたかな呪符。願望成就や災厄除けなど、あらゆることに効く万能呪符です。白い紙に朱墨で、五つの図を書きます。

コラム

風邪と呪い

1章で述べたように、縄文時代の土偶は、呪術に用いられる形代だったとする説があります。多くの土偶が破壊されていたことから、悪いところを移す撫で物の役割をしていたという可能性です。

たとえば、右手が痛むから土偶の右手を壊し、その痛みを土偶に移すという考え方です。痛みを移すことで、痛みから解放される治病の呪術です。

ところで「風邪は人に移すと早く治る」と子どものころに聞いた覚えはありませんか？　同様に、「人から移された風邪は重くなる」という説もありました。実際に誰かに移すとラクになり、人からもらった風邪で重症化した経験を持つ人もいるでしょう。

科学的根拠はないにせよ、こうした迷信が、親から子へとまことしやかに伝えられてきたのは、昔から人々が信じ、治癒を願ってきたからなのではないでしょうか。

この迷信の背景には、自分の身代わりとなる存在に病を移すことで、悪しき邪気《じゃき》である病を自分から消し去るという、撫で物の考え方があったのかもしれません。

5章

呪術の祓い方——負の念をはね返し、浄化する

呪術をかけられているか、「何」が災いしているのかを知る

本格的な儀式にのっとって執り行なう呪術もあれば、些細な苛立ちや逆恨《さかうら》みなどの念が、知らず知らずのうちにそのまま呪いとなってしまうこともあります。いつのまにか呪いをかけられていたり、知らぬうちに自分が誰かを呪ってしまっていたりすることもあるかもしれません。

呪術をかけられているかどうか。どんな霊や怨念が影響しているのか。まずそれを探らなくては、適切な対応ができません。

それを調べる秘法が日蓮宗の『指相識別《しそうしきべつ》ノ大事』に伝わっています（指相識別の秘法）。歴史ある秘法ですので、遊び半分には行なわないでください。

用意するもの

◆清潔な白い服

手順

1 全身を洗い清め、清潔な白い服を着ます。

2 左手を内側に向け、手首の下に、「鬼子母神」と指で縦に書きます。

3 左手の五本の指先に、それぞれ、「鬼」と指で書きます。本来は木剣で文字を書きます。

4 指の力をゆるめたら、手を見つめながら、「諸余《しょよ》怨敵《おんてき》皆悉《かいしつ》摧滅《ざいめつ》」と七回唱えます。

5 その手に強く息を吹きかけ、パッと指を開きます。

6 ピクピク動く指があったときは、何らかの呪術や霊が影響していると判断します。

親指：霊的な修行をするものの霊

人差指：死霊　**薬指**：生霊

中指：怨霊　**小指**：呪術、動物霊

呪術の除け方、祓い方

呪いは、精神的に受けるダメージが効果を左右します。呪われてもいないのに呪われていると思い込むことで、自らを呪われた存在にしてしまうこともあるでしょう。

呪いを封じて無効化するには心を強く持ち、一貫性のある自分でいることです。呪われようと、自らを呪おうと、これでたいていは祓えるでしょう。

また、誰かがあなたを呪ってやりたい、死ねばいいと思ってしまうような、悪しきことをしないことです。人に憎まれていては、良縁を逃し、どんどん嫌われて孤立していきます。

願いを叶える呪術を行なっても、こうしたネガティブな想念があると、無効化されてしまうでしょう。

結界呪術、セーマン・ドーマン

セーマン、ドーマンと呼ばれる魔除けのマークをご存じでしょうか。

平安時代の陰陽師・安倍晴明の五芒星《ごぼうせい》「晴明桔梗文」がセーマン、縦横合わせて九本の線を組み合わせた「九字」がドーマンです。ドーマンは、安倍晴明のライバルだった蘆屋道満《あしやどうまん》から名付けられたと伝わります。

セーマンは、陰陽五行説の木火土金水《もっかどごんすい》の五つの元素の「相克《そうこく》」（木は土に、土は水に、水は火に、火は金に、金は木に勝つ）をあらわした図です。一筆で書き記せるうえに、しっかりと線が閉ざされることから、迷い込んだ魔物を封印する一方で、魔物が入り込めない結界になるとされています。

ドーマンは、縦横の線が結界となり、魔除けとなります。

どちらも、自らの弱さを打ち負かし、強い自分になることにも役立つでしょう。強い自分になれば、弱気になることも減り、強い意志と精神で、呪いをはね除けられるようになるはずです。

不安を感じたときは宙に、セーマンとドーマンを刀印で記しましょう。カードやノート、石などに記して持ち歩くのもありです。２０３ページで紹介する祓い袋に入れておくのもいいでしょう。

セーマン

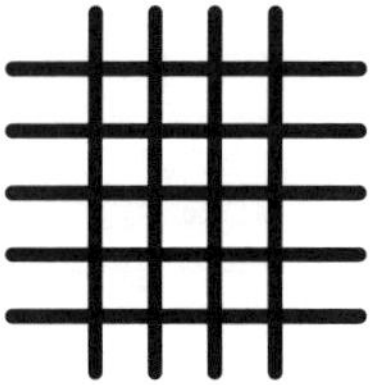

ドーマン

人を許す呪術――幸せになる復讐法

誰かを呪う行為は、相応の代償を払うことになり、メリットを得るばかりでは終わりません。嫌いな相手のためにリスクを冒すのは危険です。

相手を呪う前に、人を許す呪術を試してみましょう。

今の流れを変える三カ条

一、どうしようもない相手であることを理解する

二、謝られても許せないので、謝罪にはこだわらない

三、なるべく関わらないように距離を置く

この三カ条を実行し、満月の日から、次に紹介する「許しの呪術」をはじめます。

許しの呪術

1 許せないと思うことを書き出す。

恨みつらみを紙に箇条書きにします。書いたものを読み返し、重複箇所を整理しながら、誰が見てもわかりやすい解説にします。数日かけて、過不足のないように何度も推敲しましょう。どうでもいいと思えることは削除していきます。

2 胸の内を伝える。

恨みつらみの箇条書きをまとめ終えても、呪いたいと思うなら、あなたの気持ちを相手に直接伝えましょう。相手のどんな行動に、あなたがどう感じ、どう傷つき、怒り、恨んでいるのかを伝え、もう二度とそういうことをしないでほしいと伝えます。

それを聞いた相手は驚き、あなた以上のショックを味わうかもしれません。立場的に伝えにくいなら、相談ごととして、要望をロジカルに伝えます。

胸の内を伝えたら、再び先の三カ条を続けましょう。相手のことがどうでもよくなり、何とも思わなくなっていくはずです。つまらない相手のために少しでも思い悩んだ時間が惜しかった、そう思うようになるでしょう。

相手に同じことをやり返すことが仕返しではありません。絶対的な仕返しは、「あなたが幸せになる」ことです。

意地悪をして足を引っ張ったのに、あなたが幸せになっていることに気づいても、時はすでに遅く、相手は後悔するしかないでしょう。

相手に同じことをやり返していては、不毛なバトルのくり返しになり、二人とも不幸せなまま「人を呪わば穴二つ」という状況を招いてしまうのです。

あなたへの嫌がらせで自らの墓穴を掘った相手をあわれんで許し、あなたは幸せになりましょう。

呪いと無縁の開運体質になるには

人を憎んだり人に憎まれたり、妬んだり妬まれたり、逆恨みをしたりされたりすることは、呪いのはじまりに通じていきます。

人を憎んでしまうと、自然と、その人の死や不幸を願うようになることがあるからです。呪術を行なうまでもなく、こうして、人は人を呪い続けてしまうのです。呪いは人間の性《さが》で、人間の一生自体が呪われたものなのかもしれません。

呪いにはこうした人の想念も含まれます。そのように考えると、絶対に呪われることなく、無傷のままに一生を終える人はいないでしょう。

同様に、人の不幸を願ったり仕返しをしたりしたことなどないと思っていても、知らず知らずのうちにどこかで誰かを呪っていることもあります。

切っても切れない呪わしい想念に負けないようにすることが、呪いにかからない予防になります。

負の感情にとらわれず、建設的な考え方ができるように、どんなときにも可能性を見出せるあなたでありましょう。「ダメかもしれない」ではなく、「どうしたら可能になるか」と考えるのです。

常に前向きに考えて行動するようになると、呪いの影響を受けづらくなります。結局のところ、そのような人が呪術にかかりにくい開運体質の人といえるでしょう。

思い込みやトラウマも呪いとなる

誰もかけていない呪いにかかり、毎日を嘆いて過ごす人は意外と多いものです。

たとえば、「恋人ができない」「お金がない」と言い続けている人。言葉には言霊が宿りますから、こうしたよくない状況を口にすることで、どんどんその思いを強くして、変えがたい現実にしてしまうでしょう。

素敵な人だと思い、ほんのり惹かれはじめていたところで、「本当にモテないし、恋人がいたことがないんですよ」などと言われたら、難ありの人なのではという疑いが生まれ、せっかくの恋のチャンスを逃してしまうかもしれません。自分自身でネガティブキャンペーンをしていることに気づいたら、ただちにやめましょう。

子ども時代に親から受けた仕打ちが許せず、それがトラウマになっているとしたら、それも自分でかけた呪いの一つになります。どうしてあんなことをされたのだろうと思い悩まず、今の自分を楽しく生きることに専念し、過去から来る呪いの呪縛を、陽《よう》の気で祓いましょう。

人の記憶は曖昧なものです。記憶に縛られず、未来を拓《ひら》くことに意識を向けることが、呪いからの解放となるのです。

祓い袋は効果抜群の魔除けアイテム

祓い袋は、日常の中で受けた邪気を祓い、悪しきことから身を守るための呪物を入れた袋です。

携帯用の霊的なエマージェンシーキットになります。持ち運べるサイズのものを用意して、いざというときに役立てましょう。

祓い袋に入れる呪物

◆人形（いずれか一つを用意）

藁人形、フェルトのマスコットなど、自作した人形。手づくりの人形は、あなたに降りかかる災いを背負う、身代わりとなります。

藁人形は糸などでしっかり結び、最後に好きなリボンを結びます。自分の身代わりですので、自分の好きなファッションにしましょう。飾り気のない藁人形や紙のヒトガタ（懐紙を人の形に切り抜いたもの）でもOKです。

でき上がったら、あなたにとってのマイナスのものをすべて持ち去ってくれることを祈りながら、三回息を吹きかけておきましょう。

◆丸い鏡

神鏡となる丸い鏡です。新品を用意します。

光を反射し輝かせる鏡は魔除けになります。丸い鏡は日本古来の鏡の形状で、三種の神器のひとつの八咫鏡と同じ形です。

弥生時代前期に伝来したという鏡は、ものを映す道具ではなく、神様が宿る依り代とされていたそうです。悪しきものをはね除けて、ご加護を得るために持ち歩きましょう。

◆天然塩（市販のお清めの塩でも可）

塩の量は2g（小さじ一杯）程度。正方形にカットした懐紙で天然塩を薬包みします。持ち歩くだけで使わなかったとしても、一カ月に一度は新しいものに交換しましょう。

◆懐紙

懐紙は折りたたみ、一枚入れておきます。

◆守護梵字

生まれ干支の守護本尊の梵字《ぼんじ》です。子年と戌・亥年は、同じ梵字ですが、守護本尊とその真言は異なります。鏡の裏側に自分で書くか、梵字をコピーして切り抜いて鏡の裏に貼るか、市販のステッカーを貼るかします。

自分で書く場合は、書き順を守りましょう。

自分の干支の守護本尊の名前と真言、梵字の書き順は覚えておきます。

真言はいつ唱えてもいいでしょう。懐紙に書いておいて、祓い袋に同封しておくのもありです。気が動転して、真言を唱えられないといけないので、書き順と一緒にわかりやすくしておきましょう。

子

千《せん》手《じゅ》観《かん》音《のん》菩《ぼ》薩《さつ》

真言

「オン・バザラ・タラマ・キリク」

丑・寅

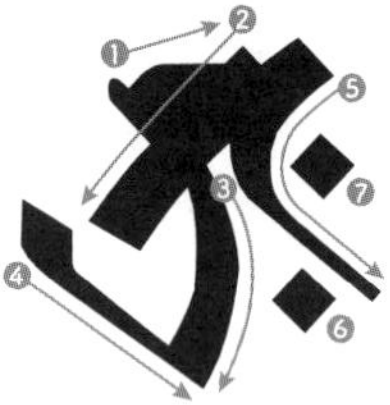

虚《こ》空《くう》蔵《ぞう》菩《ぼ》薩《さつ》

真言

「オン・バザラ・アラタンノウ・オン・タラク・ソワカ」

卯

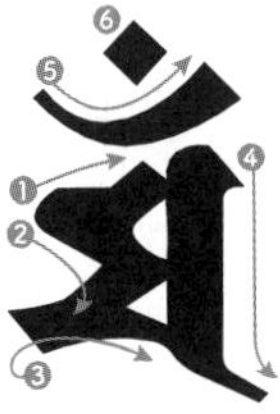

文《もん》殊《じゅ》菩《ぼ》薩《さつ》

真言

「オン・アラハシャノウ」

辰・巳

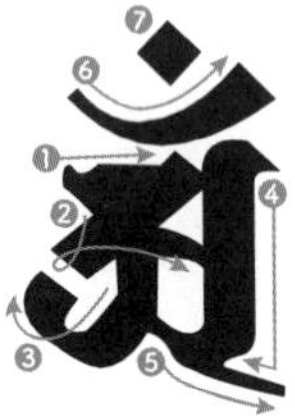

普《ふ》賢《げん》菩《ぼ》薩《さつ》

真言

「オン・サンマヤ・サトバン」

午

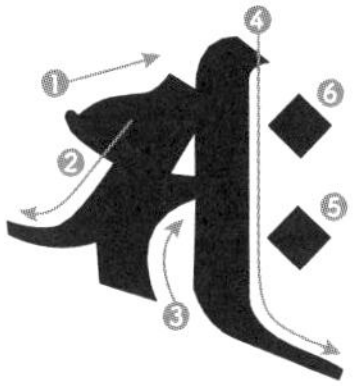

勢《せい》至《し》菩《ぼ》薩《さつ》

真言

「オン・サンザン・ザンサク・ソワカ」

未・申

大《だい》日《にち》如《にょ》来《らい》

真言

「オン・アビラウンケン・バザラ・ダトバン」

酉

不《ふ》動《どう》明《みょう》王《おう》

真言

「ノウマク・サンマンダ・バザラ・ダン・カン」

戌・亥

阿《あ》弥《み》陀《だ》如《にょ》来《らい》

真言

「オン・アミリタ・テイセイ・カラ・ウン」

◆袋

伝統の和柄である「鱗柄《うろこがら》」の巾着、またはポーチを自分でつくります。鱗柄の布を風呂敷にして包むのでも。鱗柄には魔除けの意味があります。鱗柄の色の組み合わせは好きなものでOKです。

鱗柄の袋に前述の呪物を入れ、祓い袋の完成です。

祓い袋の使い方

もしも、呪詛の危険を感じたり、嫌なことがあったりしたときは、祓い袋から鏡を取り出し、まず、鏡を見ます。鏡に映った自分の目を見つめて、気持ちを落ち着けましょう。落ち着いたところで、裏の自分の干支の梵字を書き順通りになぞりながら、真言を七回唱えます。

それでもダメだと思ったら、人形で身体を撫で、息を吐きかけながら、「災いのすべてをお前に託した」と唱えます。あなたにまとわりつく穢れを移すのです。最後に人形を懐紙にのせて、塩を振り、そのまま包んで処分します。

霊的なものやよくない念のようなものを感じたときは、塩を舐《な》めるか、自分に振りかけましょう。

鏡と袋以外のものは消耗品です。使ったら、新しいものを補充します。万が一、鏡が割れてしまったときは、塩で清めて処分して、新しいものを用意しましょう。袋が破れたり汚れたりしたときも同様に処分し、新調してください。

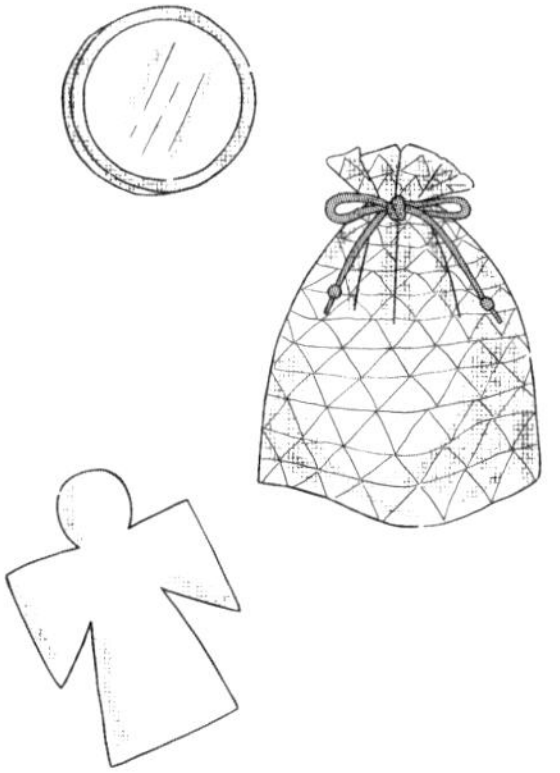

「この人はあやしい」と感じたら

呪われないのが一番ですが、これまでにも書いてきたように、人に呪われてしまう可能性は誰にでもあります。

サスペンスドラマや映画などで「三代先まで呪う」「末代《まつだい》まで呪ってやる」というセリフを聞いたことがある人もいるでしょう。

勘違いや思い込みからの逆恨みや妬みもあれば、あなた自身が直接的に恨みをかったわけではなくても、呪われるようなひどい行ないをしている家族や恋人、親しい友人などがいれば、呪いのターゲットの縁者として一緒に呪われてしまうこともあるかもしれません。

もしも、「この人にはあやしいところがある……」と感じたときは、距離を置き、なるべく関わらないようにすることです。

家族のように、切っても切れない縁で結ばれてしまっている関係では、逃げ切るのは至難の業《わざ》かもしれません。悪しき行ないをする近親者に心当たりのある人は、当事者が心を入れ替えるように導いて、呪いが癒《い》やされて消滅していくように仕向けていきましょう。

具体的にどうしたらいいのかは、これから紹介しますが、最も基本になるのは、よくない念やマイナスの気を引き寄せるような考えを持たず、平穏な自分を保っていくことです。

ネガティブな感情に引きずられないために

「あの人が嫌いだ」「あのときこうなっていればよかったのに」「それもこれもあいつのせいだ」「悪いのは私ではない」「私だって本気を出せばできることだ」……などといった、後ろ向きの思いや言い訳は、すべてが負の念となり、自らを呪うことにつながります。

負の念は、似たような考えや思いを呼んで、マイナス方向への引力を強めてしまうのです。

こうした状況を招かないようにするには、過ぎ去ったことにとらわれず、前を向いて未来に進むことです。過去を反省しても、後悔の念に引きずられてはいけません。

先述したように、「できない」「ムリ」「ダメ」……といった考えを持たず、「できたらいいな」と思うことには、建設的に取り組むようにしましょう。

また、人と自分を比べたり、うらやんだり、嫉妬したりするのもやめましょう。

「どうしたら可能になるか」を考えて、そのことだけに意識を向けることで、心が定まり、精神も強くなっていきます。結果的に、呪いを寄せつけにくいあなたになれるのです。

日常の中の呪いを祓う法

人の「思い」から生まれる呪いは、たいていの場合、心の強さではね返すことができます。他者からの邪念に惑《まど》わされない意志を持ち、自分のペースを保ち続けていれば、あなたを呪おうとしていた人も、そのうちあきらめていくでしょう。些細なジェラシーからの小さな呪いであれば、取り立てて気にすることもありません。

しかし、執拗《しつよう》な執着でまとわりついてくる相手は、なかなか侮《あなど》れないものです。

そういうときは、次のページから紹介する方法で自分を含めた環境を浄化しましょう。気になったときは、いつでも浄化を行なってください。本書の巻末付録「日常の中の呪いを祓い、心を鎮めるお守り札」を持ち歩くのもいいでしょう。

また、呪いをはね返す力を強めるために定期的に浄化する場合は、偶数日に行なうといいでしょう。二つに割ることのできる偶数日には、不吉や災いなどを、吉運から分離するという意味があるからです。偶数日の力を借りて行なうことで、浄化の作用がより高まるでしょう。

使っていたものを洗う

嫌なことがあったときに身につけていたものを洗濯します。洗えないものは清潔な布で拭くか、外で払うといいでしょう。いずれも、穢れを落とすイメージで行なってください。シーツや布団カバーを洗濯するのもおすすめです。枕カバーは毎日洗い、自らの古い気や念を残さないようにしましょう。

環境を整える

部屋を片づけ、きれいに掃除をしましょう。午前十時〜午後二時までの時間帯に、家の窓とドアのすべてを開け放って行ないます。家族と同居で、自室だけの掃除を行なうなら、自分の部屋の窓とドアを開けるだけでいいでしょう。窓を開け放つのは、部屋の中の穢れを外に出すためです。

そしてお香を焚き、それを手にして玄関から順にすべての部屋を歩いて回ります。玄関から見て左側から時計回りに回りましょう。キッチンやバス・トイレ、洗面所などもくまなく回り、お香の香りをまいていきます。

一周したところで、浄化したい部屋にお香を置き、そのまま片づけや掃除、ゴミ捨てなどを一通り終えましょう。あとは、お香が燃え尽きるまで窓を開けておきます。

途中でお香の火が消えたときは再度点火して、最後まで燃焼させましょう。

自室だけの人は、はじめから自室でお香を焚き、片づけと掃除、ゴミ捨てまでを行ないます。

自らを清める

環境を整えたあと、最後に自らを清めます。シャワーで全身の穢れを流し、身体と髪を洗いましょう。湯船に浸かる際は、新しく入れて沸かしたお湯にしてください。清潔なタオルで身体を拭《ぬぐ》い、髪を乾かしたら、おろしたての下着をつけ、新しい服に着替えます。

呪いを祓うというと、特別なことをしなくてはならないと思いがちですが、実は、普段から行なっておきたい当たり前のことをきちんとすることでも効果を得られます。自分の土台となる住まいを整え清めること、自らの心身を清浄に保つことで、正常な状態を取り戻せるのです。

また、掃除や入浴の際に、光明真言や祝詞《のりと》を唱えるのもいいでしょう。声に出して唱えることがポイントになるので、掃除機をかけながら唱えると、周囲からあやしまれることもありません。

短くて覚えやすい光明真言を紹介します。

◆光明真言

オン・アボキャ・ベイロシャノウ・マカボダラ・マニ・ハンドマ・ジンバラ・ハラバリタヤ・ウン

物を捨てる、手放すときに気をつけたいこと

家の中にしまい込んでいる不要なものは、処分しなければ保管場所を取るだけの邪魔なものになります。

それらの中には、さして愛着を感じていなかったもの、大事に使っていたけれど必要なくなったもの、ボロボロになるまで使っていたけれど捨てるに捨てられなくなってしまったもの、ほかには、人からいただいたものなどもあるかもしれません。

捨てるしかないものは処分し、使えるものならリサイクルに出すのも一つの方法でしょう。不要品を手放すことで運が開けるという風水の考え方もあり、物を整理するのはよきことです。

しかし、ここで注意したいことがあります。

先に紹介した「厭魅」という呪い（36ページ）を思い出してください。厭魅は、呪

いたい相手に見立てたアイテムを用いて呪いの儀式を執り行なう呪術です。

相手が愛用していた品や持ちものの一部を形代とし、呪術に用いることも可能です。また、丑の刻参りの藁人形のように、形代となる人形などをつくり、そこに相手の髪や爪などを添えることで、より効果的な呪物をつくる方法もあります。

あなたが誰かの恨みをかって、呪いたいと思われていたとすれば、あなたが手放したいアイテムが、呪術成就に欠かせない重要品として、狙われるかもしれません！

考えすぎと思う人もいるかもしれませんが、「万が一」ということがあります。手放したアイテムが厭魅に活用されないようにするために、次のことに注意しておくといいでしょう。

手放す前に必ず行ないたいこと

◆アイテムに付着した自分の痕跡を消す

爪切りに残った爪や、ヘアブラシについた髪は取り除き、生ゴミと一緒にまとめます。歯ブラシに付着した食べかすなども、しっかり洗い流してください。

服や下着などは捨てる前に洗濯し、しみついた自分の汗やにおい、汚れなどをすべて落としておきましょう。

◆アイテムに別れを告げる

使用の頻度にかかわらず、一度手にしたものはあなた自身のものです。手放す前に声に出して、「ありがとう。さようなら」と伝え、今この瞬間から、自分の所有物ではなくなったことを宣言し、別れを告《つ》げましょう。

手放すときの注意

◆ゴミは収集日に捨てる

前日では、夜中に拾われてしまう可能性も。なるべく収集の直前に捨てましょう。

◆ゴミは美しく捨てる

不要の品だからといって、汚らしく捨てるのはやめましょう。鼻をかんだティッシュであったとしても、あなたが使ったものに違いはありません。ゴミ袋の口はしっかり閉じて、中身が飛び散らないようにします。また、ゴミ袋が破れたときは袋を二重にしましょう。ゴミ出しの際は、ゴミ袋を投げ捨てず、美しく置くようにしてください。ゴミ置き場で袋が破れてしまっては、元も子もありません。

◆持ち主を特定できないようにする

ゴミとして捨てるときは、名前や住所などを特定されないように、個人情報のわかるものはシュレッダーにかけるか、その部分を塗りつぶし、解読できないようにしておきましょう。リサイクルに出す場合も、ネーム入りのものはネームを消すなど、もとの持ち主を特定できないようにしてください。

物を所有することは、それだけ多くのものを背負うことにつながり、それを処分するときも、相応の労力がかかるものです。家や車、家具や電化製品であれば、手続きも必要になります。

呪われやすい人、呪われにくい人

人の思いは人と人との共感や心の共鳴で集まり、大きく膨らんでいきます。

待ち望んでいたことが叶い、その喜びを誰かと共有することで、「よかったね！」「おめでとう！」という膨らみ方もすれば、怒りや憎しみの思いを人に打ち明けることで、「信じられない！」「最低だね！」「許せない！」と、嫌悪感が連鎖して膨らんでいくこともあるでしょう。プラスとマイナスのどちらにも思いは無制限に膨らんでいきます。

しかし、より膨らみやすいのはマイナスの思いです。ひがんだり、誰かをうらやんだり妬んだりすることもあるのが人間です。喜ばしいニュースに難癖をつけたり、祝うふりをして嫉妬したりしているケースもあります。

反対に、悲しいニュースには同情し、かわいそうな相手に不憫《ふびん》であるという扱いをするのです。同調して一緒に泣いたり、怒りをあらわにしたり、共通の敵をつくることで思いを増幅させていきます。とても残念なことですが、プラスとマイナスの思いでは、マイナスの吸引力が強いといえるでしょう。

そして、人の思いと思いが結びつくと、そこに大きな力が生まれます。SNSの炎上のように、似たような思いを抱く人々が集まると、事態を収拾できなくなってしまうことがあるのです。軽い気持ちからの他愛ないひと言が、大きな災いを生んでしまうメカニズムでしょう。

「悪しきことは、口に出さないほうがいい」といわれるのは、こうして、よくない方面に引きずる力を強くしてしまうことになるからです。

こうしたプラスとマイナスの思いの作用が、呪われやすい人と呪われにくい人を分ける鍵になります。

では、呪いをかけられやすいのはどんな人でしょうか。

呪いは人の「思い」から生まれるものということがヒントになるでしょう。気が弱く、誰かに言われたことを気にしすぎてしまう人や、反対に気が強く、相手を批判したり、傷つけるような発言をしたりする人が、呪われやすいといえます。

この呪われやすい二つのタイプについて考えてみましょう。

前者の気弱なタイプの人は、まわりに流されやすく、何かを言われると、それが呪いとなって自らに効いてしまいます。

たとえば、何かめざしていることがあり、それに挑戦しようとしていたとします。そのとき「それは大変らしいよ。狭き門だし、お金も時間もかかるから現実的じゃない。やめたほうがいい」「経験者として言っておくけど、結構キツかったし、大変だから絶対やめたほうがいいよ！　私は後悔してる」などと言われると、それを素直に受け止めて断念してしまうかもしれません。

「ムリだからやめたほうがいい」という言葉が呪いとなって、それが現実化してしまうのです。

後者の強気なタイプの人は、少しでも気に入らない相手がいるとすぐに噛《か》みついたりします。たとえば、相手から何かをされたわけではなくても、すぐに攻撃的になり、相手を罵《ののし》ったり、ケンカをしかけていったりします。

すると、その理不尽さに相手が恨みを抱き、「あんな人、いなくなればいいのに！」と思うかもしれません。するとそれがその人に対する呪いとなって、不幸になるリスクを生むでしょう。

また、ある程度の成功をおさめていたり、注目されるようなポジションを築いていたりする人は相応の努力や行ないを続けてきているはずです。このような成功者たちは意志が強固ですから、それだけ「思い」の力が強く、呪いが自然とはね返されてしまう可能性があるといえます。

これは、「呪い」をかけようとして、逆に災いに見舞われてしまうことにも通じる話です。

具体的には、相手に呪いをかけたものの、その効果が見られたところで満足し、途中でやめてしまったことで呪い返しを受け、自ら呪った以上の災いに見舞われてしまうケースです。呪う行為はそもそもが危険なものです。半端な思いで呪うのは大変危険といえるでしょう。

一方、呪われにくいのはどのような人でしょうか。その特徴を見てみましょう。

恨み節を口に出さない

嫌な目にあったり、失敗してしまったり、思うように事が運ばず、何ひとつうまくいかないと感じたりすることは誰にでもあります。努力はしているし、精一杯がんばっているけれど認めてもらえないこともあります。でも、それを拾い上げて口に出したりしないのが、呪われにくい人です。

「うまくいかなかったけれど今日もがんばったからよしとしよう」「失敗したけれど、もう同じ失敗はしないはず」というように、気持ちをプラスに切り替えられるとマイナスの出来事に引きずられずにすみます。

感謝を口にする

「ありがとう」という言葉には、浄化作用があるといってもいいのかもしれません。うれしいこと、ありがたいことがあったら、その思いを「言葉」にすると呪われにくくなります。

ものやチャンス、縁などをいただいたり、協力を得られたりしたときに、そのありがたみにいち早く気づける人も呪われにくいでしょう。

意識がプラスの方向に向いているので、自然とありがたい出来事が起こりやすくなります。反対に、マイナスにばかり意識を向けていると、プラスの出来事に気づくことができず、残念なことしか起こらないということになってしまうのです。

普通に生活するだけで禊ができている

呪術を行なう前の「禊」は、自分の中に生まれた無用な思いや邪念を取り除いて、クリーンな状態にする行為です。それにより願いが成就しやすくなるのでしょう。

沐浴をしたり、口をすすいだりして、身体を清める行為は、本来は「その人自身の内面にある余計なものを取り除く」狙いがあります。

心にある余計なものとは、お祓いをしなくてはならないような悪しき思い、恨みや妬みなどのマイナスの思いです。こうしたものを引きずらず、執着しないようにすること。プラスの思いに意識を向けて生活することが禊につながります。

普段から心に悪しき思いを残さないようにすれば、それが日常の禊となり、呪われにくい人になれるでしょう。マイナスの思いを抱く人も寄りつきにくくなります。呪われにくさは、心の持ち方次第といえるのです。

❖ 註釈

【お祓い】

穢れを清め、災厄を取り除くこと。

祝福の力を発動させて生きるために

これまでくり返し述べてきたように、あなた自身が「呪い」とは無縁であると思っていても、また意図していなくても呪いが飛び交う恐ろしい世の中といえます。

とはいえ、この世に生まれてしまった以上、すべてを受け入れ、無事に生き抜いていくしかありません。

では、どのように生きていけばよいのでしょうか。

それをひと言で述べるとすれば、やはり「心を強く持つこと」でしょう。

いい換えれば、「精神を強くすること」になるのかもしれません。

誰もが「思い」を抱いて生きています。朝起きて、いつも通りの一日を過ごすだけでも、そこに喜怒哀楽が生まれます。

いけないとわかっていても、つい誰かに悪しき感情を向けてしまうこともあり、それを一〇〇パーセント消し去ることは不可能です。

だからこそ、意識して建設的な考えを持ち、恨み節を少なくしていくようにするしかありません。ネガティブな感情が生まれてしまったときも、その思いにとらわれず、心を動かして前向きに進んでいくことが大切です。

嫌なこと、憎しみや妬み、怒りを感じることがあっても、それに執着せずに、楽しいことに気持ちを向けていきましょう。


ネガティブは悪でポジティブが善であるという、そういう単純な話ではありません。どちらに転んだとしても思いを暴走させてしまえば、副作用が生じるからです。

吉凶、どちらの出来事に見舞われても、「そんなときもあるよね」と受け流し、そのことに過度にとらわれないことです。そして、自らご機嫌を保つように心がけて、おおらかに人と接することができる自分であり続けましょう。

それができるようになれば、呪わしい思いが浮かんでも、風に乗って吹き消されるように消滅していくようになります。

一見、難しいことに感じられますが心の持ちようで調整できます。

人の心を縛ることはできないということは、自分で自らの心を意図的に動かすこともできるということです。どんなときでも自分を楽しませていきましょう。

そして、心にゆとりを持つようにすれば、人に対する優しさが生まれ、自然と祝福の力を発動させる「思い」を持てるようになり、穏やかな日常を実現できるはずです。

祝福の「呪い」が循環する世界になることを祈ります。

コラム

拡散するSNSと呪い

子どもから大人まで、多くの人が当たり前のように使っているSNS。

リアルタイムの気持ちを発信し、人々の共感を得る一方で、誹謗中傷《ひぼうちゅうしょう》を受けることもあるでしょう。感情の捌《は》け口ともなるSNSは、世界中の人々のさまざまな想念が渦巻く呪いのカオスです。

SNSには、写真や行動の履歴などの個人情報が、無防備に投稿され、蓄積されていき、それは、相手を呪うための呪物の宝庫となるでしょう。写真やプロフィールを使えば、一度も会ったことのない人に、今すぐ「厭魅」を施せるのです。

SNSで気軽に感情を訴えることも、恐ろしい呪いを生みます。言葉として発しなければ、自己消化できたかもしれない恨みや負の念を増幅し、悪しき言霊となって自らを呪っていくでしょう。

古来、日本は、祝詞や祝言など、言霊がさかんに働く国であると語り継がれているのです。

感情のままにSNSに発した言葉は、意図した意味合いと異なる解釈を招き、それが一気に拡散されてしまうこともあります。

何気ない投稿が、自分の知らないところに浸透し、取り返しのつかない呪いとなってしまう。SNSは、言霊を勢いづけるツールでもあるのです。

エピローグ

「呪い」には、恐ろしいイメージがありますが、「こうしたい」という希望のために行なう前向きなものという側面もあります。意図することによって、プラスとマイナスが入れ替わることもあるかもしれませんが、どちらも当事者からすれば、願いに向けられた希望であるといえるでしょう。

「呪い」をもたらすのも、それをはね除けるのも「思い」の力です。

「思い」は、その人の心から生まれます。誰かの無事を祈ったり、人の幸せを願ったりすることも、呪いの一つといえるでしょう。

一般的には、悪しき使われ方をする「呪い」ですが、そのもとにある人の思いに善悪はありません。しかし、現状の吉凶を転じようとする行ないは「呪い」につながる可能性があります。

悪しきことを望めば「呪い」となり、相手に不幸をもたらすだけでなく、それによって自分自身も不幸になるリスクがあります。それは尋常ではない恐怖となって、呪う本人の心を蝕《むしば》むはずです。

反対に、誰かのためによきことを願えば「祈り」となり、その人に幸せをもたらし、それはあなたにとってうれしい出来事となるはずです。


あなたは不幸になるリスクと、幸せを招く可能性のどちらをとりたいですか。

誰もが幸せを招く可能性をとるのではないでしょうか。


呪術の歴史を振り返ると、人を陥《おとしい》れることや不幸を願う行為が、相手の怨念を生み、手も足も出ない状況に追い込まれてしまうことがわかります。ずるいことはせず、正々堂々と生きて、未来をよくするために呪術を行なうことが望ましいでしょう。

なお本来、呪術とは儀式にのっとり正しい作法を修めた修行者が行なうものであり、一般の私たちが簡単に行なえるものではありません。本書で紹介している呪術の中には、現代においては通用しない危険なものもあることを、ここであらためてお伝えしておきます。

また、呪いは、かけるまでもなくかけてしまっていることがあります。呪ってやろうと思わなくても、ネガティブな気持ちが強まれば、その思いが相手に届いてしまうのです。

それを隠そう、消そう、なかったことにしようと思っても、時すでに遅し。

過去にとらわれすぎず、手の届かない理想の未来や高い目標となる遠すぎる未来ばかりを見て心に焦りを生まぬよう、現在を見つめ、あなた自身に秘められた力を注ぎ込んで、理想を叶えてくださいますように。

皆様の心の平静と幸せをお祈り申し上げます。

LUA

※本書掲載の呪術は、文献史料にもとづいたものです。呪術の効果などに関しては、著者・出版社は一切責任を負いませんのでご了承ください。

《主な参考文献》

図説　日本呪術全書／豊嶋泰國著／原書房
呪いの博物誌／藤巻一保著／学研プラス
宇治拾遺物語／中島悦次校注／KADOKAWA
呪術の本／学研プラス
霊符全書／大宮司朗著／学研プラス
図説　憑物呪法全書／豊嶋泰國著／原書房
まじないの文化史／新潟県立歴史博物館監修／河出書房新社
まじない秘伝／大宮司朗著／ビイング・ネット・プレス
呪術秘法の書／黒塚信一郎著、豊嶋泰國監修／原書房
本当は怖い日本のしきたり／火田博文著／彩図社
すぐわかる日本の呪術の歴史／武光誠監修／東京美術
呪術者になる！／宮島鏡著／作品社
復刻・改訂版　黒焼療法五百種／田中吉左衛門著／メダカのがっこう
白魔術全書［亜細亜篇］／九燿木秋水著／二見書房
悪魔の呪法全書／ビーバン・クリスチーナ編著／二見書房
退魔術全書／田口真堂著／二見書房
江戸庶民のまじない集覧／長友千代治著／勉誠出版
花柳界おまじないと怪談／朝寝坊記者談／新盛館

まじない秘法／顕神学会編／武田文永堂
和漢三才図会／寺島良安（尚順）編／中近堂
十二支になった動物たちの考古学／設楽博己編著／新泉社
梵字でみる密教／児玉義隆著／大法輪閣
仏教画伝／坂本夏観文、三好載克画、大森義成監修／ジービー
図説 金枝篇／サー・ジェームズ・ジョージ・フレーザー著、内田昭一郎・吉岡晶子訳／東京書籍
現代世界の呪術／川田牧人、白川千尋、飯田卓著／春風社
イメージ・シンボル事典／アト・ド・フリース著、山下主一郎主幹／大修館書店
サイン・シンボル大図鑑／M・ブルース＝ミットフォード著、小林頼子・望月典子監訳／三省堂
アフリカで学ぶ文化人類学／松本尚之他編／昭和堂　他多数のwebサイト

《付録「日常の中の呪いを祓い、心を鎮めるお守り札」の使い方について》

お札を身につけることで、清浄な自分、精神の透明さを保つことができます。

海には偉大な浄化作用があります。いつでも持ち歩いて、波のない穏やかな海のような精神の透明感を心に反映させましょう。

くもりない視界が広がれば、物事を精査できるようになり、よりよき道を歩みやすくなります。思い込みに縛られることがなくなり、考えがブレるようなこともなくなるはずです。

自然と悪しき縁ははじき飛ばされ、喜ばしい縁が結ばれるようになるでしょう。

本書は、辰巳出版より刊行された『「呪術」取り扱い説明書』を、文庫収録にあたり加筆、改筆、再編集のうえ、改題したものです。

あなたの願《ねが》いを密《ひそ》かに叶《かな》える
呪術《じゅじゅつ》の作法《さほう》

著　者　LUA（るあ）
発行者　押鐘太陽
発行所　株式会社三笠書房
〒102-0072 東京都千代田区飯田橋3-3-1
https://www.mikasashobo.co.jp
印　刷　誠宏印刷
製　本　ナショナル製本

ISBN978-4-8379-3117-1 C0130

本書へのご意見やご感想、お問い合わせは、QR コード、
または下記 URL より弊社公式ウェブサイトまでお寄せください。
https://www.mikasashobo.co.jp/c/inquiry/index.html

王様文庫

このお札はあなたの身代わりでもあります。
お札が破れたり、なくなったりしたときは、
厄落としになったと考えましょう。
また、お札が必要なくなったときは、
「ありがとう」と声に出して感謝を伝え、
白い封筒などに入れて捨てるようにしてください。

日常の中の呪いを祓い、
心を鎮めるお守り札

このお札を身につけたり、
財布やスマホケースなどに入れたりして持ち歩きましょう。
不思議と心が鎮まり、全身が浄化されます。